应用型高校产教融合系列教材

供应链与冷链物流管理系列

供应链与企业物流实践

赵程程 ◎ 主编

杨萌　施丽华　彭霞 ◎ 副主编

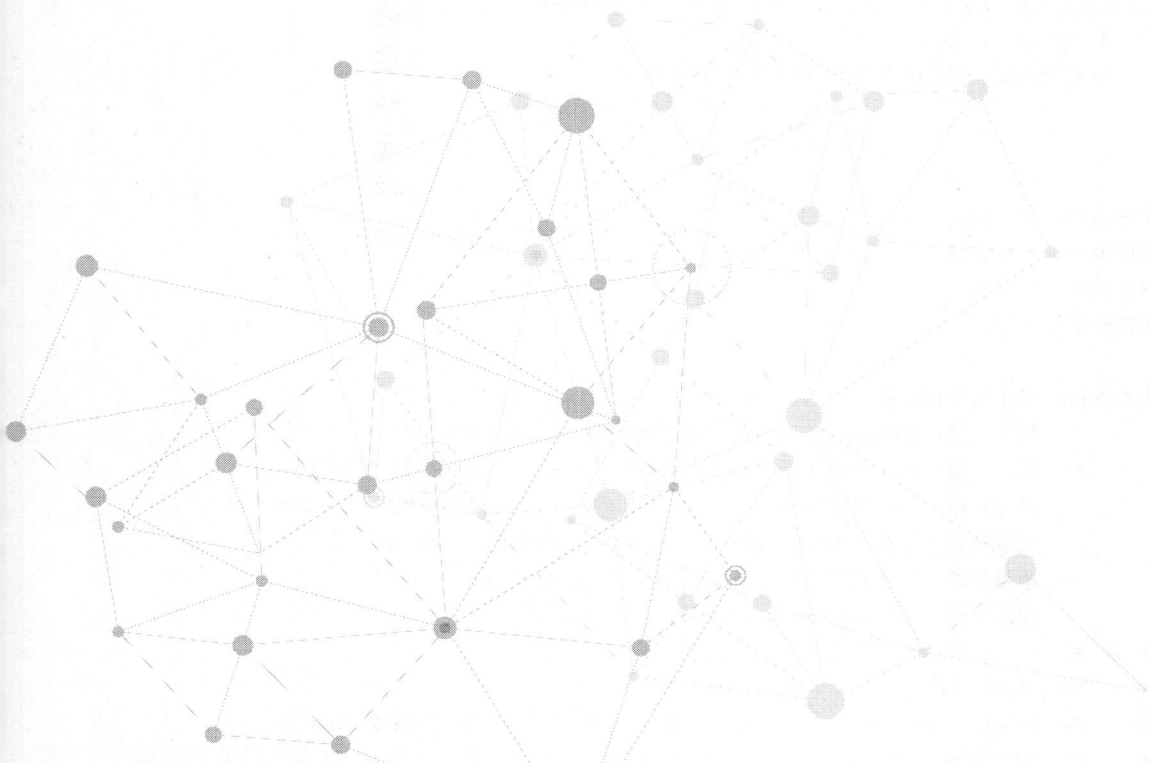

清华大学出版社

北京

内 容 简 介

供应链管理的实现，是把供应商、制造商、分销商、零售商等在一条供应链上的所有节点企业都联系起来进行优化，使生产资料以最快的速度，通过生产、分销环节变成增值的产品，送到有消费需求的消费者手中。供应链管理能有效地消除重复、浪费与不确定性，减少库存总量，创造竞争的成本优势。本书从供应链管理基础理论与实践应用出发，在深化供应链管理要素、运营机制、系统构建、合作伙伴关系管理等基础知识外，联合中国汽车制造行业巨头上汽通用汽车有限公司、中国冷链物流龙头企业上海郑明现代物流有限公司及上海钢蜂物流科技有限公司的资深从业人员，通过专家访谈、实地走访、云端讲座等方式，深入剖析和探讨"智能化"背景下企业在采购管理、库存管理、供应商质量管理、供应链金融管理等方面的优化案例。

本书可作为高等学校管理科学与工程、物流管理、企业管理等有关专业的高年级本科生教材，也可供企业决策层的管理人员和供应链管理人士学习参考。

图书在版编目（CIP）数据

供应链与企业物流实践 / 赵程程主编. -- 北京 : 清华大学出版社, 2025.8.
（应用型高校产教融合系列教材）. -- ISBN 978-7-302-69998-9

Ⅰ. F252.1；F273.4

中国国家版本馆 CIP 数据核字第 2025TQ2516 号

责任编辑：张　伟
封面设计：汉风唐韵
责任校对：王荣静
责任印制：丛怀宇

出版发行：清华大学出版社
　　　　　网　　　址：https://www.tup.com.cn，https://www.wqxuetang.com
　　　　　地　　　址：北京清华大学学研大厦 A 座　　　　　邮　　编：100084
　　　　　社 总 机：010-83470000　　　　　邮　　购：010-62786544
　　　　　投稿与读者服务：010-62776969，c-service@tup.tsinghua.edu.cn
　　　　　质量反馈：010-62772015，zhiliang@tup.tsinghua.edu.cn
　　　　　课件下载：https://www.tup.com.cn，010-83470332
印 装 者：三河市少明印务有限公司
经　　销：全国新华书店
开　　本：185mm×260mm　　印　　张：9.75　　字　　数：220 千字
版　　次：2025 年 9 月第 1 版　　印　　次：2025 年 9 月第 1 次印刷
定　　价：39.00 元

产品编号：105963-01

应用型高校产教融合系列教材

总编委会

主　　任：李　江

副 主 任：夏春明

秘 书 长：饶品华

学校委员（按姓氏笔画排序）：

王　迪　　王国强　　王金果　　方　宇　　刘志钢　　李媛媛

何法江　　辛斌杰　　陈　浩　　金晓怡　　胡　斌　　顾　艺

高　瞩

企业委员（按姓氏笔画排序）：

马文臣　　勾　天　　冯建光　　刘　郴　　李长乐　　张　鑫

张红兵　　张凌翔　　范海翔　　尚存良　　姜小峰　　洪立春

高艳辉　　黄　敏　　普丽娜

丛书序

FOREWORD

　　教材是知识传播的主要载体、教学的根本依据、人才培养的重要基石。《国务院办公厅关于深化产教融合的若干意见》明确提出，要深化"引企入教"改革，支持引导企业深度参与职业学校、高等学校教育教学改革，多种方式参与学校专业规划、教材开发、教学设计、课程设置、实习实训，促进企业需求融入人才培养环节。随着科技的飞速发展和产业结构的不断升级，高等教育与产业界的紧密结合已成为培养创新型人才、推动社会进步的重要途径。产教融合不仅是教育与产业协同发展的必然趋势，更是提高教育质量、促进学生就业、服务经济社会发展的有效手段。

　　上海工程技术大学是教育部"卓越工程师教育培养计划"首批试点高校、全国地方高校新工科建设牵头单位、上海市"高水平地方应用型高校"试点建设单位，具有40多年的产学合作教育经验。学校坚持依托现代产业办学、服务经济社会发展的办学宗旨，以现代产业发展需求为导向，学科群、专业群对接产业链和技术链，以产学研战略联盟为平台，与行业、企业共同构建了协同办学、协同育人、协同创新的"三协同"模式。

　　在实施"卓越工程师教育培养计划"期间，学校自2010年开始陆续出版了一系列卓越工程师教育培养计划配套教材，为培养出具备卓越能力的工程师作出了贡献。时隔10多年，为贯彻国家有关战略要求，落实《国务院办公厅关于深化产教融合的若干意见》，结合《现代产业学院建设指南（试行）》《上海工程技术大学合作教育新方案实施意见》文件精神，进一步编写了这套强调科学性、先进性、原创性、适用性的高质量应用型高校产教融合系列教材，深入推动产教融合实践与探索，加强校企合作，引导行业企业深度参与教材编写，提升人才培养的适应性，旨在培养学生的创新思维和实践能力，为学生提供更加贴近实际、更具前瞻性的学习材料，使他们在学习过程中能够更好地适应未来职业发展的需要。

　　在教材编写过程中，始终坚持以习近平新时代中国特色社会主义思想为指导，全面贯彻党的教育方针，落实立德树人根本任务，质量为先，立足于合作教育的传承与创新，突出产教融合、校企合作特色，校企双元开发，注重理论与实践、案例等相结合，以真实生产项目、典型工作任务、案例等为载体，构建项目化、任务式、模块化、基于实际生产工作过程的教材体系，力求通过与企业的紧密合作，紧跟产业发展趋势和行业人才需求，将行业、产业、企业发展的新技术、新工艺、新规范纳入教材，使教材既具有理论深度，能够反映未来技术发展，又具有实践指导意义，使学生能够在学习过程中与行业需求保持同步。

　　系列教材注重培养学生的创新能力和实践能力。通过设置丰富的实践案例和实验项目，引导学生将所学知识应用于实际问题的解决中。相信通过这样的学习方式，学生将更加具备竞争力，成为推动经济社会发展的有生力量。

　　本套应用型高校产教融合系列教材的出版，既是学校教育教学改革成果的集中展示，也是对未来产教融合教育发展的积极探索。教材的特色和价值不仅体现在内容的全面性和前沿性上，更体现在其对于产教融合教育模式的深入探索和实践上。期待系列教材能够为高等教育改革和创新人才培养贡献力量，为广大学生和教育工作者提供一个全新的教学平台，共同推动产教融合教育的发展和创新，更好地赋能新质生产力发展。

中国工程院院士、中国工程院原常务副院长

2024 年 5 月

前言

随着全球化竞争的日益激烈，以及产品种类的多样化、产品生命周期的缩短、顾客要求的提高，再加上政治、经济、社会环境的巨大变化，企业仅仅依靠自身的力量来进行市场竞争已经不能满足顾客的需求。面对这样一个变化迅速而又无法预测的买方市场，企业为了提升竞争力，开始关注与供应商和销售商的合作，通过与供应商等建立合作伙伴关系，并构建供应链联盟，从而形成利益共同体。因此，供应链管理强调核心企业与杰出的企业建立战略合作关系，通过业务外包的形式将企业的非核心业务外包给合作伙伴，自己则集中精力和资源，做好关键性业务，这样不仅能大大提升企业的竞争能力，而且能使供应链上的其他环节都受益。

本书紧密结合供应链管理的理论，详细阐述了供应链管理的理论基础和概念、特征，以及供应链管理下的采购管理、库存管理、供应商质量管理、供应链金融管理的理论与案例，每一章都附有复习与思考，以此进一步加深读者对供应链管理中的一些基本概念和运作过程的理解。

本书分为上、下两篇，共 7 章。上篇共两章，主要阐述供应链理论基础知识，其中第 1 章是供应链概述，第 2 章是业务外包与供应链合作伙伴关系。下篇共 5 章，主要阐述供应链管理的运行，包括供应链管理下的采购管理、库存管理、供应商质量管理、供应链金融管理的理论与案例以及绿色供应链管理实践。

本书由赵程程担任主编，杨萌、施丽华、彭霞担任副主编。全书总框架由赵程程设计，施丽华负责编写第 1 章和第 2 章；杨萌负责编写第 3 章和第 4 章；赵程程负责编写第 5～7 章；彭霞负责编写企业案例，助力理论与实践相结合。除此之外，本书能够出版，离不开刘子涵、陈俊毅、赵志文、傅羽芝在图表修订上付出的努力，在此表示诚挚的感谢。

本书在编写过程中，参考了大量国内外专家学者的论著和文献资料，编者已经尽可能详细地在参考文献中列出，在此对这些专家、学者表示深深的谢意。也有可能引用了一些资料而由于疏忽没有列出其出处，若有这类情况发生，在此表示万分歉意！

由于编者水平有限，书中还存在不少缺点和疏漏之处，敬请各位专家学者以及广大读者批评指正。

编者
2025 年 4 月

目录

上篇：供应链理论基础

供应链概述

本章关键词

供应链（supply chain） 　　　　纵向一体化（vertical integration）
横向一体化（horizontal integration）　物流（logistics）
资金流（funds flow） 　　　　　　信息流（information flow）

在全球市场的激烈竞争中，企业面对的是一个变化迅速且无法准确预测的买方市场，传统的"纵向一体化"经营管理模式对市场变化的响应速度越来越缓慢。为了解决传统企业中存在的职能矛盾、利益目标冲突、信息分散等问题，供应链管理模式应运而生，它以流程为基础、以价值链的优化为核心，强调供应链（supply chain）整体的集成与协调，通过信息共享、资源优化配置和有效的价值链激励机制等方法来实现经营一体化。

1.1 供应链的定义

供应链概念经历了一个发展过程。早期的观点认为供应链是制造企业中的一个内部过程，它是将采购的原材料和收到的零部件，通过生产的转换和销售等过程传递到企业用户的一个过程。传统的供应链概念局限于企业的内部操作，注重企业自身的利益目标。

随着企业经营的进一步发展，供应链的概念范围扩大到与其他企业的联系，以及供应链的外部环境，因此偏向于定义它为一个通过链中不同企业的制造、组装、分销、零售等过程将原材料转换成产品到最终用户的过程，它是更大范围、更为系统的概念。美国的史蒂文斯（Stevens）认为："通过增值过程和分销渠道控制从供应商的供应商到用户的用户的流就是供应链，它开始于供应的源点，结束于消费的终点。"这种定义注意了供应链的完整性，考虑了供应链中所有成员操作的一致性。

现代供应链的概念更加注重围绕核心企业的网链关系，如核心企业与供应商、供应商的供应商乃至一切前向的关系，与用户、用户的用户以及一切后向的关系。此时供应链的概念成为一个网链的概念，如丰田（Toyota）、耐克（Nike）和麦当劳（McDonalds）等公司的供应链管理都从网链的角度来实施。

供应链是一种客观存在，一个完整的供应链始于原材料的供应商、止于最终用户，是由原材料供应商、制造商、仓库、外部供应商、运输公司、配送中心、分销商、零售商、顾客组成的链状结构或网络。在供应链中，原材料和零部件的供应商、产品制造企业、运输和分销公司、零售企业以及售后服务企业作为经济实体和供应链中供需的节点，向最终消费者提供产品和服务。供应链同时又是在相互关联的业务流程以及业务伙伴间发生的，从产品设计到最终客户交付全过程中的物流、信息流和资金流。

英国物流专家马丁·克里斯多夫（Martin Christopher）教授在《物流与供应链管理》一书中对供应链进行了如下定义："供应链是指涉及将产品或服务提供给最终消费者的过程和活动的上游及下游企业组织所构成的网络。"比如，衬衣制造商是供应链的一部分，它的上游是化纤厂和织布厂，下游是分销商和零售商，最后是消费者。按此定义，这条供应链的所有企业都是相互依存的，但实际上它们彼此并没有太多的协作。这种供应链仍然是传统意义上理解的供应链。

我国 2021 年发布实施的国家标准《物流术语》（GB/T 18354—2021）中对供应链的定义是：生产及流通过程中，围绕核心企业的核心产品或服务，由所涉及的原材料供应商、制造商、分销商、零售商直到最终用户等形成的网链结构。

美国供应链协会认为：供应链是目前国际上广泛使用的一个术语，涉及从供应商的供应商到顾客的顾客的最终产品生产与交付的一切努力。

通过对上述的分析，本书可以给出一个比较确切的供应链定义：供应链是围绕核心企业，通过对信息流、物流、资金流的控制，从采购原材料开始，制成中间产品以及最终产品，最后由销售网络把产品送到消费者手中的将供应商、制造商、分销商、零售商直到最终用户连成一个整体的网链结构和模式。它是一个范围更广的企业结构模式，它包含所有加盟的节点企业，从原材料的供应商开始，经过链中不同企业的制造加工、组装、分销等过程直到最终用户。这个概念强调了供应链的战略伙伴关系，从形式上看，客户是在购买商品，但实质上客户是在购买能带来效益的价值。各种物料在供应链上移动，是一个不断采用高新技术增加其技术含量或附加值的增值过程。因此，供应链不仅是一条连接供应商到用户的物料链、信息链、资金链，而且是一条增值链。物料在供应链上因加工、包装、运输等关系而增加其价值，给相关企业都带来收益。这样的一条在 21 世纪全球制造业竞争加剧的环境下围绕核心企业的网链结构可以简单地以图 1.1 表示。

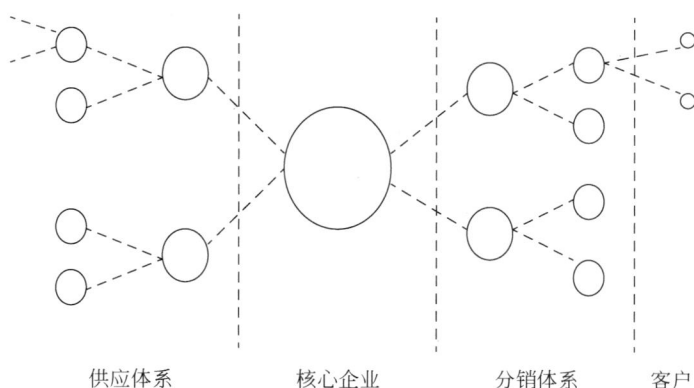

图 1.1　供应链的基本结构

从图 1.1 中可以看出供应链由供应体系、核心企业、分销体系与客户及它们之间的业务流程和关系组成，同时伴随信息流和资金流。业务流程主要包括采购和供应、生产和制造、运输、装卸、存储、加工、包装、配送，至送达后的售后服务、反向物流业务等。供应链关系主要包括上游关系、下游关系、合作关系、伙伴关系、外包关系等，但共赢关系是供应链上所有成员的核心关系。

1.2 供应链的产生

1.2.1 供应链产生的经济背景

随着经济的发展，影响企业在市场上获取竞争优势的主要因素也发生着变化。认清主要竞争因素的影响力，对于企业管理者把握资源应用、获取最大竞争优势具有非常重要的意义。

1. 产品生命周期越来越短

随着消费者需求的多样化，企业的产品开发能力也在不断提高。目前，新产品的研制周期大大缩短，与此相对应的是产品的生命周期缩短、更新换代速度加快。由于产品在市场上存留时间大大缩短了，企业产品开发和上市时间的活动余地也越来越小，对企业造成巨大压力。例如当今的计算机，几乎是一上市就已经过时，连消费者都有些应接不暇。虽然在企业中流行着"销售一代、生产一代、研究一代、构思一代"的说法，然而这毕竟需要企业投入大量的资源，一般的中小企业在这样的环境面前显得力不从心。

2. 产品种类飞速膨胀

因消费者需求的多样化越来越突出，厂家为了更好地满足其要求，便不断推出新的品种。这样一来，引起了一轮又一轮的产品开发竞争，结果使产品的种类成倍增长。

3. 对订单响应速度越来越快

一般来说，品种、质量、价格、时间和服务是决定企业竞争力的五大要素，但在不同历史时期，这五大要素对企业竞争力的作用是不同的。在工业化初期，主要依靠价格进行竞争；第二次世界大战以后，随着工业化水平的提高，质量逐渐成为影响竞争力的关键；20 世纪 80 年代以来，企业竞争和经营环境发生了深刻的变化，竞争优势逐渐转移到品种和服务上；而进入 20 世纪 90 年代以后，由于科学技术的进步、经济的发展，以及全球化信息网络和全球化市场的形成，加上技术变革的加速，围绕新产品的市场竞争更加激烈，所有这些都要求企业对不断变化的市场作出快速反应，不断地开发出满足用户需求的定制化产品，去占领市场以赢得竞争。用户不但要求厂家按期交货，而且要求的交货期越来越短。例如，20 世纪 90 年代初期，日本汽车制造商平均两年可向市场推出一个新车型，而同期的美国汽车制造商推出相同档次的车型却要5~7 年。可以想象，美国的汽车制造商在市场竞争中该有多么被动。对于现在的厂家来说，市场机会几乎是稍纵即逝，留给企业思考和决策的时间极为短暂。一个企业对用户要求的反应稍微慢一点，很快就会被竞争对手抢占先机。因此，缩短产品的开发、生产周期，在尽可能短的时间内满足用户要求，已成为当今所有管理者最为关注的问题之一。

所以，技术进步和客户需求的个性化使得产品生命周期（product life cycle，PLC）不断缩短，企业则必须面临不断缩短响应周期的巨大压力，竞争力的决定因素最终转移到时间上来。毋庸置疑，谁能对市场的变化作出快速反应，迅速将新产品推向市场，以最快的速度满足顾客的需求，谁就能在市场中获得竞争优势。因此，各国企业纷纷将制定竞争战略基点建立在时间基础之上，出现了基于时间竞争（time-based competition，TBC）的思想。实施基于时间的竞争战略就是旨在改善企业的各种与时间有关的绩效指标，快速地对市场变化作出反应以取得竞争优势。

4. 对产品和服务的期望越来越高

进入 20 世纪 90 年代以后，用户对产品质量和服务质量的要求越来越高。用户已不满足于从市场上买到标准化生产的产品，他们希望得到按照自身要求定制的产品或服务。这些变化导致产品生产方式革命性的变化。传统的标准化生产方式是"一对多"的关系，即企业开发出一种产品，然后组织规模化大批量生产，用一种标准产品满足不同消费者的需求。然而，这种模式已不再能使企业继续获得效益。现在的企业必须具有根据每一个顾客的特别要求定制产品或服务的能力，即所谓的"一对一"的定制化服务。例如，我国的海尔公司是一家全球著名的家电制造企业，每年的产量非常大，一般人看来应属于备货型生产类型，但是，在 2000 年以后，海尔公司却采取一套按订单生产的战略来组织生产。其结果是不仅满足了客户的个性化需求，同时也把库存降到了最低限度，拉近了与用户的距离，实现了向三个"零"（零距离、零缺陷、零营运资本）目标的迈进。不过，应该看到，虽然个性化定制生产能高质量、低成本快速响应客户需求，但是对企业的运作模式提出了更高的要求。

由此可见，企业面临外部环境变化带来的不确定性，包括市场因素（顾客对产品、产量、质量、交货期的需求和供应方面）和企业经营目标（新产品、市场扩展等）的变化。这些变化增强了企业管理的复杂性。

企业要想在这种严峻的竞争环境下生存下去，必须具有强有力地处理环境变化和由环境引起的不确定性的能力。

1.2.2 传统管理模式的弊端

20 世纪 40—60 年代，企业处于相对稳定的市场环境中，主要采取"纵向一体化"模式，"纵向一体化"模式是传统企业一贯采用的"大而全、小而全"经营模式。但是在 20 世纪 90 年代科技迅速发展、世界竞争日益激烈、顾客需求不断变化的形势下，"纵向一体化"模式则暴露出种种缺陷。

1. 增加企业投资负担

不管是投资建新的工厂，还是用于其他公司的控股，都需要企业筹集必要的资金。这一工作给企业带来许多不利之处。首先，企业必须花费人力、物力设法在金融市场上筹集所需要的资金。其次，资金到位后，随即进入项目建设周期。为了尽快完成基本建设任务，企业还要花费精力从事项目实施的监管工作，这样一来又消耗了大量的企业资源。由于项目有一个建设周期，在此期间企业不仅不能安排生产，而且要按期偿还借款利息。显而易见，用于项目基本建设的时间越长，企业背负的利息负担越重。

2. 承担丧失市场时机的风险

对于某些新建项目来说，由于有一定的建设周期，往往出现项目建成之日，也就是项目下马之时的现象。市场机会早已在项目建设过程中失去。这样的事例在我国很多。从选择投资方向看，决策者当时的决策可能是正确的，但就是因为花在生产系统基本建设上的时间太长，等生产系统建成投产时，市场行情早已发生变化，过了进入市场的最佳时机而使企业遭受损失。因此，项目建设周期越长，企业承担的风险越高。

3. 迫使企业从事不擅长的业务活动

采用"纵向一体化"管理模式的企业实际上是"大而全、小而全"的翻版，这种企业把产品设计、计划、财务、会计、生产、人事、管理信息、设备维修等工作看作本企业必不可少的业务工作，许多管理人员往往花费过多的时间、精力和资源去从事辅助性的管理工作。由于精力分散，他们无法做好关键性业务活动的管理工作。结果是，辅助性的管理工作没有抓起来，关键性业务也无法发挥出核心作用，不仅使企业失去了竞争特色，而且增加了企业产品成本。通用汽车公司曾经死抱着纵向管理思想不放，为它自己的公司生产 70% 的零部件，而福特公司只有 50%，克莱斯勒公司只有 30%。通用汽车公司因为生产汽车零部件而耗去的劳动费用远远高于其他两家公司，每生产一个动力系统，它就比福特公司多 440 美元、比克莱斯勒公司多 600 美元，在市场竞争中始终处于劣势。这种情况在国内也经常出现。例如，某机器制造厂为了解决自己单位富余人员的就业问题，成立了一个附属企业，把原来委托供应商生产的某种机床控制电器转为自己生产。由于缺乏技术和管理能力，不仅成本比外购的高，而且产品质量低劣，最后影响到产品的整体性能和质量水平，一些老客户纷纷撤出订单，使企业蒙受不必要的损失。

4. 在每个业务领域都直接面临众多竞争对手

采用"纵向一体化"管理模式的企业必须在不同业务领域直接与不同的竞争对手进行竞争。例如，有的制造商不仅生产产品，还拥有自己的运输公司。这样一来，该企业不仅要与制造业的对手竞争，还要与运输业的对手竞争。在企业资源、精力、经验都十分有限的情况下，四面出击的结果是可想而知的。事实上，即使是 IBM（国际商业机器公司）这样的大公司，也不可能拥有所有业务活动必需的才能。因此，从 20 世纪 80 年代末期起，IBM 就不再进行纵向发展，而是与其他企业建立广泛的合作关系。例如，IBM 与苹果公司合作开发软件，协助 MCT 联营公司进行计算机基本技术研究工作，与西门子公司合作设计动态随机存储器，等等。

5. 增大企业的行业风险

如果整个行业不景气，采用"纵向一体化"模式的企业不仅会在最终用户市场遭受损失，而且会在各个纵向发展的市场遭受损失。曾有这样一个例子：某味精厂为了保证原材料供应，自己建了一个辅料厂。但后来味精市场饱和，该厂生产的味精大部分没有销路。结果不仅味精厂遭受损失，与之配套的辅料厂也举步维艰。

1.2.3 新型管理模式的产生

20 世纪 90 年代，"横向一体化"（horizontal integration）思想开始兴起，即利用企业外部资源快速响应市场需求，本企业只需抓住最核心的东西：产品方向和市场。至于生产，只抓住关键零部件的制造，甚至全部委托其他企业加工。例如，福特公司的 Festiva 车，车型由美国人设计，在日本的马自达工厂生产发动机，由韩国的制造厂生产其他零件和装配，最后在美国市场上销售。制造商把零部件生产和整车装配都放在了企业外部，这样做的目的是利用其他企业的资源促使产品快速上马，避免自己投资带来的基建周期长等问题，从而赢得产品在成本、质量、上市速度诸方面的竞争优势。"横向一体化"形成了一条从供应商到制造商再到分销商的贯穿所有企业的"链"。

由于相邻节点企业表现出一种需求与供应的关系，因此当把所有相邻企业以此连接起来，便形成了供应链。这条链上的节点企业必须同步、协调运行，才有可能都受益，于是便产生了供应链管理这一新的经营与运作模式。

1.3　供应链的目标

每一条供应链的目标都应该是使供应链产生的净价值最大化。供应链产生的净价值就是最终产品对顾客的价值与整个供应链为了满足顾客需求产生的成本之间的差额，也称供应链盈余（supply chain surplus），其公式为

$$供应链盈余 = 顾客价值 - 供应链成本$$

最终产品的价值对于不同的顾客来说可能会有所不同，可以用顾客愿意为其支付的最高价格来估计。产品的价值与其实际市场价格之间的差额则为顾客获得的消费者剩余。供应链盈余中剩下的部分就是供应链盈利，即从顾客获得的收入与供应链总成本之间的差额。例如，一个顾客花 60 美元从百思买（Best Buy）购买一台无线路由器，这 60 美元就代表供应链获得的收入。购买这台无线路由器的顾客显然认为无线路由器价值应为 60 美元或 60 美元以上，因此供应链盈余的一部分就由顾客以消费者剩余的形式获得，剩下部分则属于供应链盈利。百思买以及供应链中的其他环节发生了诸如信息传递、零部件生产、仓储、运输、转移资金等成本。顾客支付的 60 美元与供应链各环节生产、分销无线路由器所产生的总成本之间的差额代表供应链盈利能力：在供应链所有环节和中间机构之间共享的总利润。供应链盈利能力越强，供应链就越成功。对大多数盈利供应链来说，供应链盈余将与利润密切相关，供应链的成功与否，应该由供应链盈余而不是单个环节的利润来衡量。（在后续章节中我们将看到，在单个环节注重盈利能力可能导致供应链总盈余减少。对增加供应链盈余的关注促使供应链中的所有成员努力将供应链整体利润这块"蛋糕"做大。）

用供应链盈余定义了供应链成功之后，接下来该做的就是寻找价值、收入和成本的来源。对于任何一条供应链来说，收入的唯一来源是顾客。在丰田经销商处购买汽车的顾客获得的价值取决于几种因素，其中包括汽车的功能和特性、选择的多样性、经销商提供的服务等。对于丰田供应链来说，顾客是唯一提供正现金流的一方，其他所有现金流只不过是供应链内部的资金交换（此处假设不同环节有不同的所有者）。当经销商向丰田付款时，它是将顾客支付的部分资金传递给丰田。在供应链中，所有信息流、产品流和资金流都会产生成本。因此，对这些流进行适当管理是供应链成功的关键。有效的供应链管理（effective supply chain management）涉及对供应链资产和产品流、信息流、

资金流的管理，以增加供应链的总盈余。供应链盈余的增长将增大"蛋糕"，从而让供应链中的成员受益。

1.4 供应链的类型

1.4.1 根据供应链驱动力的来源划分

根据供应链驱动力的来源，供应链可分为推动式供应链和拉动式供应链。

1. 推动式供应链

推动式供应链的运作是以产品为中心、以生产制造商为驱动原点，这种传统的推动式供应链管理是以生产为中心，力图提高生产率、降低单件产品成本来获得利润。通常，生产企业根据自己的 MRP Ⅱ/ERP（制造资源计划 / 企业资源计划）来安排从供应商处购买原材料，生产出产品，并将产品经过各种渠道，如分销商、批发商、零售商一直推至客户端。在这条供应链上，生产商起主导作用，是供应链上的核心或关键成员，而其他环节如流通领域的企业则处于被动的地位，这种供应链方式的运作和实施相对较为容易。然而，由于生产商在供应链上远离客户，对客户的需求远不如流通领域的零售商和分销商了解得清楚，这条供应链上企业之间的集成度较低，反应速度慢，在缺乏对客户需求了解的情况下生产出的产品和驱动供应链运作的方向往往是无法匹配和满足客户需求的。

同时，由于无法掌握供应链下游，特别是最末端的客户需求，一旦下游有微小的需求变化，反应到上游时，这种变化将被逐级放大，这种效应被称为"牛鞭效应"。为了应对这种"牛鞭效应"，在供应链下游的每个节点上，都必须采取提高安全库存量的办法，需要储备较多的库存来应对需求变动。因此，整条供应链上的库存较高，响应客户需求变化较慢。传统的供应链管理几乎都属于推动式供应链管理，如图 1.2 所示。

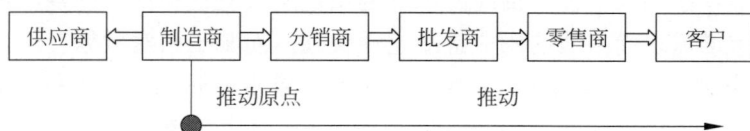

图 1.2　推动式供应链

2. 拉动式供应链

拉动式供应链管理的理念是以顾客为中心，通过对市场和客户的实际需求以及对其需求的预测来拉动产品的生产与服务。这种运作和管理需要整条供应链能够更快地跟踪甚至超前于客户和市场的需求，来提高整条供应链上的产品和资金流通的效率，减少流通过程中的浪费，降低成本，提高市场的适应力，特别是对下游的流通和零售行业，更是要求供应链上的成员有更强的信息共享、协同、响应和适应能力。例如，目前发达国家采用协同计划、预测和补货（CPFR）策略与系统，来实现对供应链下游成员需求拉动的快速响应，使信息获取更及时、信息集成和共享度更高、数据交换更迅速、缓冲库存量及整条供应链上的库存总量更低、获利能力更强等。拉动式供应链虽然整体绩效表现出色，但对供应链上企业的管理和信息化程度要求较高，对整条供应链的集成和协同运作的技术与基础设施要求也较高。

以计算机公司为例，其对计算机市场的预测和计算机的订单是企业一切业务活动的拉动点，生产装配、采购等的计划安排和运作都是以它们为依据与基础进行的，这种典型的面向订单的生产运作可以明显地减小库存积压以及满足个性化和特殊配置需求，并加快资金周转。然而，这种供应链的运作和实施相对较难。其结构原理如图 1.3 所示。

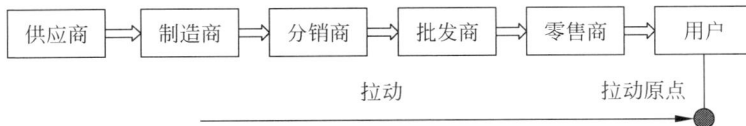

图 1.3　拉动式供应链

但在一个企业内部，对于有些业务流程来说，有时推动式供应链和拉动式供应链共存。如戴尔计算机公司的 PC（个人计算机）生产线，既有推动式运作，又有拉动式运作，其 PC 装配的起点就是推和拉的分界线，在装配之前的所有流程都是推动式流程，而装配和其后的所有流程都是拉动式流程，完全取决于客户订单。这种推、拉共存的运作对制定有关供应链设计的战略决策非常有用。例如，供应链管理中的延迟生产策略就很好地体现了这一点，通过对产品设计流程的改进，使推和拉的边界尽可能后延，便可有效地解决大规模生产与大规模个性定制之间的矛盾，在充分利用规模经济的同时实现大批量客户化生产。

1.4.2　根据市场需求及供需关系划分

根据市场需求及供需关系，供应链可分为以下两种类型。

1. 稳定的供应链和动态的供应链

根据供应链存在的稳定性，供应链可分为稳定的供应链和动态的供应链。基于相对稳定、单一的市场需求而组成的供应链稳定性较强，而基于相对频繁变化、复杂的需求而组成的供应链动态性较强。在实际管理运作中，需要根据不断变化的需求，相应地改变供应链的组成。

2. 平衡的供应链和倾斜的供应链

根据供应链容量与用户需求的关系，供应链可分为平衡的供应链和倾斜的供应链。一个供应链具有一定的、相对稳定的设备容量和生产能力（所有节点企业能力的综合，包括供应商、制造商、运输商、分销商、零售商等），但用户需求处于不断变化的过程中，当供应链的容量能满足用户需求时，供应链处于平衡状态，而当市场变化加剧，造成供应链成本增加、库存增加、浪费增加等现象时，企业不是在最优状态下运作，供应链则处于倾斜状态。

平衡的供应链可以实现各主要职能（采购／低采购成本、生产／规模效益、分销／低运输成本、市场／产品多样化和财务／资金运转快）之间的均衡。

供应链管理目标实现过程如图 1.4 所示。

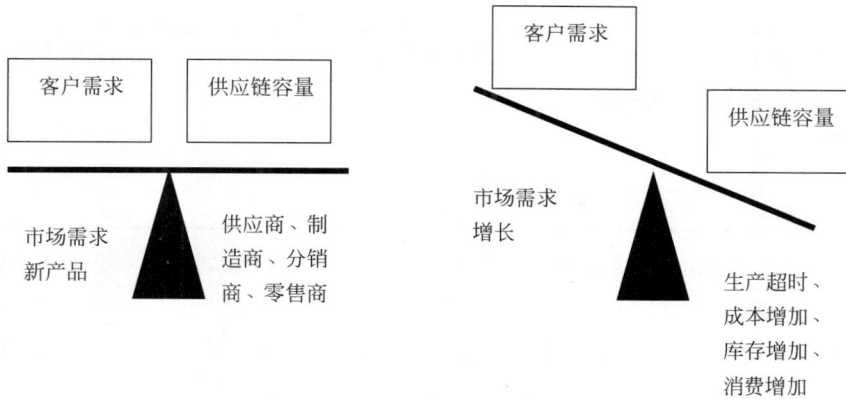

图 1.4　供应链管理目标实现过程

1.4.3　根据供应链的功能模式划分

根据供应链的功能模式（物理功能和市场中介功能），供应链可分为效率型供应链（efficient supply chain）和响应型供应链（responsive supply chain）。效率型供应链主要体现供应链的物理功能，即以最低的成本将原材料转化成零部件、半成品、产品，以及完成在供应链中的运输等；响应型供应链主要体现供应链的市场中介功能，即把产品分配到满足用户需求的市场，对未预知的需求作出快速反应等。

1.5　供应链的设计策略与步骤

1.5.1　基于产品类型的供应链设计策略

如果从投资的角度考虑供应链的设计问题，众所周知的是先有产品后投资，这是投资企业的常规做法。L. 费舍尔（L. Fisher）认为，供应链设计要以产品为中心，首先要明白用户对企业产品的需求是什么，产品生命周期、需求预测、产品多样性、提前期和服务的市场标准等都是影响供应链设计的重要问题。必须设计出与产品特性一致的供应链，也就是所谓的基于产品的供应链设计策略（product-based supply chain design，PBSCD）。

1. 产品类型

不同的产品类型对供应链设计有不同的要求，高边际利润、不稳定需求的创新型产品（innovative products）的供应链设计就不同于低边际利润、有稳定需求的功能型产品（functional products）。两种不同类型产品的比较如表 1.1 所示。

表 1.1　两种不同类型产品的比较（在需求上）

需 求 特 征	功能型产品	创新型产品
产品生命周期 / 年	＞ 2	1～3
边际贡献率 /%	5～20	20～60
产品多样性	低	高

续表

需 求 特 征	功能型产品	创新型产品
预测的平均边际错误率 /%	10	40～100
平均缺货率 /%	1～2	10～40
季末降价率 /%	0	10～25
按订单生产的提前期	6 个月至 1 年	1 天至 2 周

由表 1.1 可以看出，功能型产品一般用于满足用户的基本需求，变化很少，具有稳定的、可预测的需求和较长的生命周期，但它们的边际利润较低，如日用百货等。创新型产品对市场来说很新，因此需求的不确定性很高，一般不可预测，生命周期也较短，如时装等，一旦畅销，其单位利润就会很高，随之会引来许多仿造者，因而基于创新的竞争优势会迅速消失，因此，这类产品无论是否畅销，其生命周期均较短。为了避免低边际利润，许多企业在式样或技术上创新以寻求消费者的购买，从而获得高的边际利润。正因为这两种产品的不同，才需要有不同类型的供应链去满足不同的管理需要。

2. 供应链设计策略

当知道产品和供应链特性后，就可以设计出与产品需求一致的供应链。供应链设计与产品类型策略矩阵如表 1.2 所示。

表 1.2 供应链设计与产品类型策略矩阵

项 目	功能型产品	创新型产品
效率型供应链	匹配	不匹配
响应型供应链	不匹配	匹配

策略矩阵的四个元素代表四种可能的产品和供应链的组合，从中可以看出产品和供应链的特性，管理者可以根据它判断企业的供应链流程设计是否与产品类型一致，这就是基于产品的供应链设计策略：效率型供应链流程适于功能型产品，响应型供应链流程适于创新型产品，否则就会产生问题。

当然，产品与供应链是否匹配，并非绝对的，匹配与不匹配会随着情况的变化而发生变化。理论上很容易得出效率型供应链匹配功能型产品、响应型供应链匹配创新型产品的判断。但实践中，由于市场行情、用户需求、企业经营状况等因素的影响，匹配和不匹配也是相对的。一方面，原本相匹配的产品和供应链可能变成不相匹配的。例如，对于创新型产品采取响应型供应链，这时二者是匹配的，随着时间的推移，创新型产品的创新功能也会被模仿，一旦创新型产品变成功能型产品，如果仍选用响应型供应链，原来匹配的情形就会相应变成不匹配的情形。另一方面，原本不匹配的产品和供应链随着情况的变化也可能变成匹配的。比如，企业进行产品开发时，由于市场信息不灵，不知对手已推出相同的产品而将自己刚刚开发出的功能型产品误认为创新型产品，并错误地使用响应型供应链，这时就会产生不匹配的情况。如果企业在原有产品的基础上开发出新的功能，这类功能型产品在一段时间内对某些用户可能表现出创新型的特征，企业选用响应型供应链，这时不匹配的情况就变成匹配的情况。相反，如果在产品表现出创新型特征时，企业没有认清形势，错误地选用了效率型供应链，就会造成新的不匹配。

所以，随着诸多因素的变化，匹配与不匹配也会随时发生变化，关键在于企业能否随机作出调整。

1.5.2 基于产品生命周期的供应链设计策略

产品生命周期是指产品的市场寿命，即一种新产品从开始进入市场到被市场淘汰的整个过程。关于产品生命周期的讨论，大多数都把一种典型产品的销售历史描绘成一条 S 形曲线（图 1.5）。这条曲线分为四个阶段，即引入阶段、成长阶段、成熟阶段和衰退阶段。

对应各个不同的阶段，就企业战略和企业潜力而言，都有不同的机会和问题。同样，存货的可得性及企业服务方案中的响应时间都会随着市场机会及其面临的竞争形势而变化。因此，在产品生命周期的不同阶段，物流的需求也是不断变化的。

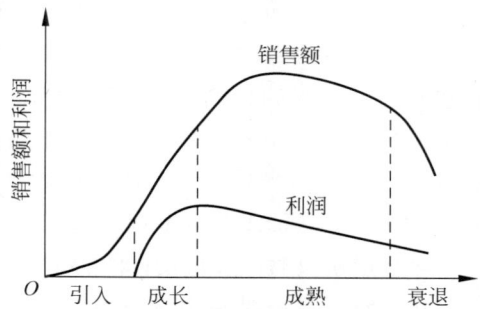

图 1.5　产品生命周期曲线

1. 引入阶段对供应链设计的影响

引入阶段是产品被引入市场时销售缓慢增长的时期。在新产品引入阶段，企业需要提供高度的产品可得性和物流灵活性。因为引入阶段的利润很低，最初新产品要在市场上获得立足之地，能够满足客户随时可以获得产品的需求就显得至关重要，企业必须迅速而又可靠地提供产品。然而，由于新产品缺乏可靠的历史资料，因此企业的计划都是建立在未雨绸缪的基础之上，时刻面临不确定性的挑战。如果存货短缺或递送不稳定，就会引起客户的不满，这使企业不得不在物流活动上进行大量的投资，以保证存货的可得性。此时，供应链的设计必须适应产品种类和有关库存单位的变化。具体的运输、仓储等需求将会随着产品种类的扩大而扩大，因而要求供应链系统具有更大的灵活性。同时，产品种类的扩大将会需要特殊的生产设备和运输设备，如冷藏火车等，这又增强了供应链系统的复杂性。

2. 成长阶段对供应链设计的影响

成长阶段是产品被市场迅速接受和利润大量增加的时期。在生命周期的成长阶段中，产品取得了一定程度的市场认可，并且销量也变得清晰。此时，物流活动的重点也从集中人力、物力和财力以提供客户所需的服务，转变成寻求更趋于平衡的服务和成本绩效。对于企业，关键就是要尽可能达到实现收支平衡的销量，然后提高市场份额。处于这种成长期的企业具有很好的机会去设计供应链以获取利润。

如果企业想提高对客户需求的反应能力，就必须付出一定的代价，进而面临较高的物流成本。有些企业未能正确地评估服务水平对其成本投入的影响，从而导致了不现实的顾客期望，这无疑是一种盲目的策略。

3. 成熟阶段对供应链设计的影响

成熟阶段是因为产品已被大多数潜在购买者所接受而造成的销售减慢的时期。在产品生命周期的成熟阶段，市场竞争趋于激烈化，由于某种产品的成功往往会引来各种替代品的竞争和竞争对手的仿效，作为响应，企业就会调整价格和服务，以提供独特的增值服务，努力使主要客户保持忠诚度。因此，企业相应地会在供应链的各项活动上投入更多的费用，确保向关键客户提供特殊的服务。

在这一阶段，传统的分销渠道会变得模糊而复杂，各种业务关系不得不重新定位。产品可以通过批发商、经销商、零售商等多种安排，甚至可以从制造商处直接被运往零售商处。而在有些情况下，产品则可以完全绕过传统的零售商，直接被运往客户处。这类处在变化中的活动需要供应链支持系统进行大量的调整。

为了在产品生命周期的成熟阶段调整多种分销渠道，许多企业建立了配送仓库。它们建立仓库网络的目的，就是有能力满足来自不同渠道的各种服务要求。在成熟阶段，将产品直接递送到多个客户的任务，通常涉及各种配送方案。在多渠道的条件下，递送到每个目的地的产品流量一般都比较小，并且企业需要为特殊的客户提供特殊的服务。由此可见，成熟阶段的竞争状态增强了供应链的复杂性、提高了作业要求的灵活性。

4. 衰退阶段对供应链设计的影响

衰退阶段是产品销售下降的趋势增强和利润不断下降的时期。当一种产品进入完全衰退阶段时，成长阶段和成熟阶段的盛景就结束了。当一种产品即将消亡的时候，企业所面临的抉择是放弃该产品还是继续进行持续有限的配送。因此，企业一方面要继续相应的递送业务，另一方面当产品被市场抛弃时又不至于冒太大的风险。此时，作为企业的目标之一，如何最大限度地降低风险比最大限度地降低成本显得更为重要。

当然，产品生命周期理论将产品的整个生命周期人为地划分为四个阶段多多少少有些抽象和简单，但是，它毕竟为供应链该如何设计提供了根据客户需求（服务需求）进行调整的大致范围。一般来说，新产品的引入需要高水准的活动和灵动性，以适应计划生产量的迅速变化；在生命周期的成长阶段和成熟阶段，企业的重点将转移到服务与成本的合理化上；在衰退阶段，企业要对作业活动（尤其是物流活动）重新定位，使风险处于最低限度。此外，供应链必须维持灵活性，能在特定的时间段进行调整，以对抗竞争性的活动。这就要求企业有清晰的思路，也就是了解市场上的客户究竟需要什么，以及该如何满足客户的这种需求。

从以上分析可以看出，产品生命周期对供应链的活动有着非常重要的影响，其中最关键的就是产品生命周期的长短。生命周期越短，说明产品的成长期和成熟期越短暂，产品很快就会进入完全衰退期，这就意味着客户对产品的需求变化速度快。因此，供应链的灵活性和反应速度就成为企业的主要目标。产品生命周期越长，说明产品进入完全衰退期的速度越慢，这就意味着客户对产品的需求比较稳定，变化不是很大。此时，尽量降低供应链的成本就成为企业的主要目标。

1.5.3 供应链的设计步骤

产品供应链的设计可以归纳为八个步骤（图 1.6）。

第一步是分析市场竞争环境。其目的在于找到针对哪些产品市场开发供应链才有效。为此，必须知道现在的产品需求是什么，产品的类型和特征是什么。分析市场特征的过程要向卖主、用户和竞争者进行调查，提出诸如"用户想要什么？""他们在市场中的分

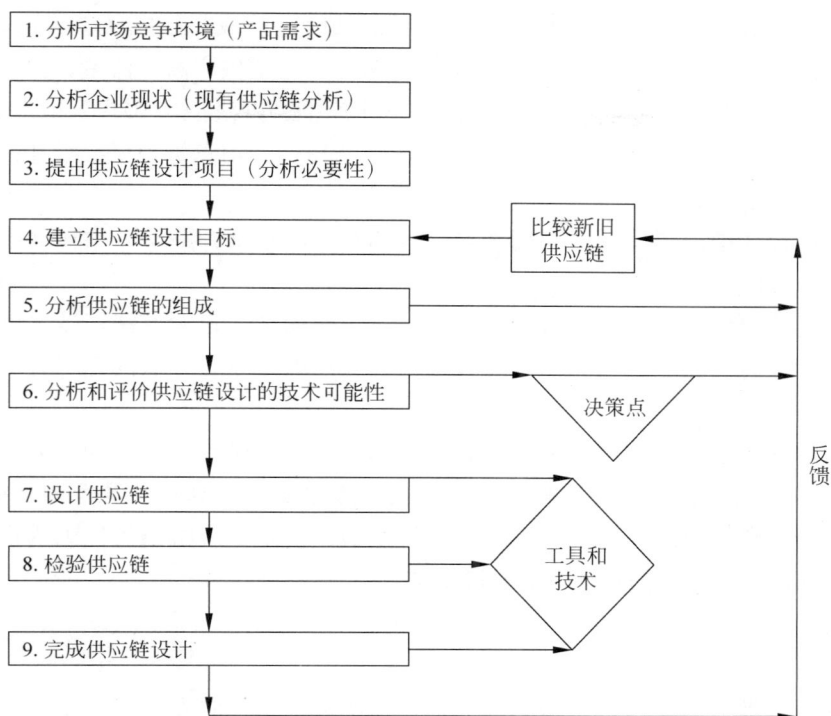

图 1.6 供应链设计的步骤模型

量有多大？"之类的问题，以确认用户的需求和因卖主、用户、竞争者产生的压力。这一步骤的输出是每一产品按重要性排列的市场特征。同时对于市场的不确定性要有分析和评价。

第二步是分析企业现状。其主要分析企业供需管理的现状（如果企业已经有供应链管理，则分析供应链的现状），这一步骤的目的不在于评价供应链设计策略的重要性和合适性，而是着重研究供应链开发的方向，分析、总结企业存在的问题及影响供应链设计的阻力等因素。

第三步是针对存在的问题提出供应链设计项目，分析其必要性。

第四步是根据产品的供应链设计策略建立供应链设计目标。其主要目标在于获得高水平用户服务和低库存投资、低单位成本两个目标之间的平衡（这两个目标往往有冲突），同时还应包括以下目标：进入新市场、开发新产品、开发新分销渠道、改善售后服务水平、提高用户满意程度、降低成本、通过降低库存提高工作效率等。

第五步是分析供应链的组成，提出供应链组成的基本框架。供应链中的成员组成分析主要包括供应商、生产商、分销商、零售商及用户的选择及其定位，以及确定选择与评价的标准。

第六步是分析和评价供应链设计的技术可能性。这不仅是某种策略或改善技术的推荐清单，而且也是开发和实现供应链管理的第一步，它在可行性分析的基础上，结合本企业的实际情况为开发供应链提出技术选择建议和支持。这也是一个决策的过程，如果认为方案可行，就可以进行下面的设计；如果不可行，就要重新设计。

第七步是设计供应链，主要解决以下问题：供应链的成员组成（供应商、生产商、分销商的选择与定位，计划与控制）；原材料的来源（包括供应商、流量、价格、运输等问题）；生产设计（需求预测，生产什么产品，生产能力，供应给哪些分销中心，价格，生产计划，生产作业计划和跟踪控制，库存管理等问题）；信息管理系统设计；物流管理系统设计等。

在供应链设计中，要广泛地应用许多工具和技术，包括归纳法、集体问题解决、流程图、模拟和设计软件等。

第八步是检验供应链。供应链设计完成以后，应通过一定的方法、技术进行测试检验或试运行，如有问题，返回第四步进行重新设计；如果没有什么问题，就可以实施供应链管理了。

设计和运行一条有效的供应链对于每一个制造企业都是至关重要的。因为它可以获得提高用户服务水平、达到成本和服务之间的有效平衡、提高企业竞争力、提高柔性、渗透新的市场、通过降低库存提高工作效率等利益。但是供应链也可能因为设计不当导致浪费和失败，因此正确的设计策略是必需的。

本章小结

供应链是一种客观存在，早期的观点认为供应链是制造企业中的一个内部过程，随着企业经营的进一步发展，供应链的概念范围扩大到与其他企业的联系，以及供应链的外部环境，所以供应链是围绕核心企业，通过对信息流、物流、资金流的控制，从采购原材料开始，制成中间产品以及最终产品，最后由销售网络把产品送到消费者手中的将供应商、制造商、分销商、零售商直到最终用户连成一个整体的网链结构和模式。

供应链管理的经济背景包括：①产品生命周期越来越短；②产品种类飞速膨胀；③对订单响应速度越来越快；④对产品和服务的期望越来越高。

传统管理模式的弊端体现在：①增加企业投资负担；②承担丧失市场时机的风险；③迫使企业从事不擅长的业务活动；④在每个业务领域都直接面临众多竞争对手；⑤增大企业的行业风险。

横向一体化模式即利用企业外部资源快速响应市场需求，本企业只需抓住最核心的东西：产品方向和市场。横向一体化模式形成了一条从供应商到制造商再到分销商的贯穿所有企业的"链"，由于相邻节点企业表现出一种需求与供应的关系，当把所有相邻企业以此连接起来，便形成了供应链。这条链上的节点企业必须同步、协调运行，才有可能都受益，于是便产生了供应链管理这一新的经营与运作模式。

供应链的类型包括：①根据供应链驱动力的来源，供应链可以分为推动式供应链和拉动式供应链；②根据市场需求及供需关系，供应链可以分为稳定的供应链和动态的供应链，以及平衡的供应链和倾斜的供应链；③根据供应链的功能模式，供应链可以分为效率型供应链和响应型供应链。

功能型产品一般用于满足用户的基本需求，变化很少，具有稳定的、可预测的需求和较长的生命周期，但它们的边际利润较低。创新型产品对市场来说很新，因此需求的不确定性很高，一般不可预测，生命周期也较短。效率型供应链流程适于功能型产品，响应型供应链流程适于创新型产品。

产品生命周期包括四个阶段，即引入阶段、成长阶段、成熟阶段和衰退阶段。引入阶段是产品被引入市场时销售缓慢增长的时期。在新产品引入阶段，企业需要提供高度的产品可得性和物流灵活性。在产品的成长阶段，产品取得了一定程度的市场认可，此时，物流活动的重点转变成寻求更趋于平衡的服务和成本绩效。在产品的成熟阶段中，市场竞争趋于激烈化，作为响应，企业就会调整价格和服务，以提供独特的增值服务，努力使主要客户保持忠诚度。在产品的衰退阶段，产品销售呈下降趋势，利润也不断下降，此时如何最大限度地降低风险比最大限度地降低成本显得更为重要。

产品供应链的设计可以归纳为八个步骤：第一步是分析市场竞争环境；第二步是分析企业现状；第三步是针对存在的问题提出供应链设计项目，分析其必要性；第四步是根据产品的供应链设计策略建立供应链设计目标；第五步是分析供应链的组成，提出供应链组成的基本框架；第六步是分析和评价供应链设计的技术可能性；第七步是设计供应链；第八步是检验供应链。

▰ 复习与思考

1. 什么是供应链？
2. 供应链的类型有哪几种？
3. 功能型产品和创新型产品分别匹配怎样的供应链？
4. 功能型产品和创新型产品的区别有哪些？

▰ 即测即练

核心竞争力（core competence）　　　　　业务外包（outsourcing）

供应链合作关系（supply chain partnership）　顾客导向化（customization）

约束理论（Theory of Constraints）　　　　转包（subcontract）

供应链强调的是把主要精力放在核心竞争力上，充分发挥其优势，同时与全球范围内的合适企业建立战略合作关系，即将企业的非核心业务外包给合作企业完成，这样就能获得比单纯利用内部资源更多的竞争优势。

2.1 核心竞争力

随着科学技术的高速发展，工业型社会正在逐步向信息型社会过渡。其关键资源也由资本转变为信息、知识和力量。技术创新发展日新月异，市场需求的瞬间万变使不确定因素增多，同时创造力又是 21 世纪获得竞争优势的有力武器，所有这些都使企业感到在提高资源配置效率、赢得竞争优势方面比以往有更大的压力。

企业资源包括内部资源和外部资源两个方面。取自组织外部环境的资源，并不具有某一组织独特的印记，尽管由于市场不完全性以及稀缺性的特点，不同企业在获得稀缺资源上的机会是不均等的，但在"谁可以获取这些资源"的权利上，不同组织之间并不具有天然的不平等性。只是不同组织在自身知识和能力上的不平衡性，才导致在资源获取和利用上的"异质性"，其根本原因在于不同组织之间的知识与能力差异。而企业外部资源决策的前提是对组织内部资源的分析，因为外部资源本身不具有某一组织的特性，只有当外部资源和内部资源相互作用之后，整合资源（内部资源和外部资源的整合）才具有企业特性。

所以，如何根据内部资源的特点，去发现、选择、利用外部资源，才是企业核心竞争力的内在反映，而这一决策的前提仍然是企业知识和能力的积累。因此，企业为了适应新的竞争环境，如何整合内部资源与外部资源是企业增强竞争力的关键之一，这也就是企业自制与业务外包决策的出发点。

2.1.1 竞争力的动态特征

当今企业竞争是一个动态的过程。企业所面临的外界环境与所采取的竞争行为，会因时间、竞争对象以及顾客的不同而变化。在这个动态意义下的竞争，主要具有以下三个特征。

1. 竞争对象的不断开创与抵消

企业参与市场竞争，所凭借的资本是本企业的"竞争特色"，企业必须创造出与竞争者的不同之处，才能在激烈的竞争中立于不败之地。但是，任何一种特色或资源，都不能永远不变。为此，企业必须不断开创出新的竞争特色。以汽车为例，日本汽车业早在能源危机之前就率先推出省油小汽车，并且只需要四五年的时间就能开发出新的车型，因而在世界汽车市场占有一席之地。可见，企业必须在原有竞争优势抵消之前开创出新的竞争优势，才能立于不败之地。

2. 竞争焦点的不断转移与改变

一般企业成立之初，关注的焦点大多为产品，只要产品好，顾客就会上门购买，因此很少考虑竞争者的做法。等到企业进入成长阶段，企业逐渐意识到竞争者的威胁，很自然地会将焦点转移到竞争者身上。然而，以竞争者为焦点，具有一定的盲目性。因为企业所处的外界环境在变化，会产生许多市场机会，企业不应只将自己局限于现在，而忽略未来的发展潜力。于是，当产品处于成熟阶段时，企业会将焦点转移到新的市场机会，找到对企业具有吸引力的领域，并在这一领域形成竞争优势。

3. 竞争主体多元化

在全球竞争日益激烈的环境下，竞争不再只是局限于两个企业之间，随着企业规模的不断扩大，以及企业组织模式的不断变化，竞争可能发生在不同的企业之间，也可能发生在不同的供应链之间，还可能发生在不同的战略联盟或虚拟企业组织之间。这样，竞争的主体将会出现多元化，必将增强企业竞争的激烈程度。

2.1.2 核心竞争力的内涵与诊断

1. 竞争力与能力

根据世界经济论坛的看法，所谓企业竞争力，就是企业和企业家设计、生产和销售产品与劳务的能力，其产品和劳务的价格与非价格的质量等特性，比竞争对手的产品具有更大的市场吸引力。也就是说，它是企业和企业家在适应、协调和驾驭外部环境的过程中成功地从事经营活动的能力。

竞争力（competence）和能力（capability）代表了两种不同但相互补充的企业战略的新范式，前者强调价值链上特定技术和生产方面的专有知识，后者含义更为广泛，涵盖了整条价值链。对于企业来说，能力是企业某项业务运营的前提条件，是生存与发展的基础，是进入竞争舞台的门票；而竞争力则是企业在竞争舞台上脱颖而出、获得竞争优势的关键。

但竞争力的形成又依赖于企业所拥有的诸多能力。若把企业竞争力看作一个层次结构，其能力结构便可以分为三个层次：第一个层次是企业竞争力的表层，是企业竞争力大小的体现，主要表现为一系列竞争力衡量指标；第二个层次是企业竞争力的中层，是企业竞争优势的重要来源，决定竞争力衡量指标的分值；第三个层次是企业竞争力的深层，是企业竞争力的深层土壤和真正源泉，它们决定着企业竞争力的持久性。

从另一个角度来说，企业竞争力可以看作企业持续发展、增长后劲以及资产增值和效益提高的能力。因此，就企业本身来说，竞争力因素大体上包括以下五个方面。

（1）采用新技术的速度和技术改造的进度。

（2）新产品、新技术研究、开发的状况。

（3）劳动生产率的提高。

（4）产品的质量优势。

（5）综合成本的降低和各种开支的节约。

另外，宏观方面的金融政策、税率高低、法治环境、知识产权的保护等，对企业竞争力都有重要的影响。

可以说，竞争力是特定企业个性化发展过程中的产物，它并不位于公司的某一个地方，而是贯穿公司不同的研究、开发、生产、采购、仓储以及市场营销等部门。它往往体现了隐性知识的积累，对于竞争对手而言，既无法完全模仿，也无法完全交易。它是根植于企业中的无形资源，不像实物资源会随着使用而折旧。相反，它是组织中集体学习的结晶，将在不断的应用和分享过程中得到改进与精练。

2. 核心竞争力与非核心竞争力

进入 20 世纪 90 年代以来，关于企业竞争力的研究逐渐转移到企业核心竞争力领域，因为从长远考察，企业竞争优势来源于以比竞争对手更低的成本、更快的速度发展自身的能力，来源于能够产生更强地具有强大竞争力的核心能力。由于任何企业所拥有的资源都是有限的，它不可能在所有的业务领域都获得竞争优势，必须将有限的资源集中在核心业务上。

所谓核心竞争力，我们可以定义为：企业借以在市场竞争中取得并扩大优势的决定性力量。例如，本田公司的引擎设计及制造能力，联邦航空公司的追踪及控制全世界包裹运送的能力，都使它们在本行业及相关行业的竞争中立于不败之地。一家具有核心竞争力的公司，即使制造的产品看起来不怎么样，像万宝路公司生产极多的相关性很低的产品，但它却能利用核心能力，使整体产品蓬勃发展，扩大了原来局限于香烟的竞争优势。

企业核心竞争力的表现形式多种多样，这些不同形式的核心能力存在于人、组织、环境、资产/设备等不同的载体之中。由于信息、专长、能力等在本质上仍是企业/组织内部的知识，而其中独特的价值观和文化属于组织大体的价值观和文化，属于组织的特有资源，所以，我们可以认为企业的核心竞争力本质是企业特有的知识和资源。

3. 核心竞争力的诊断分析

供应链节点企业在供应链管理环境下，要想在竞争中获得优势，就必须在供应链中具有独特的核心竞争力。企业必须在诊断分析的基础上找到其核心竞争力所在，并使之得到持续发展。

企业核心竞争力的外部特征可以归纳为三个方面：①顾客价值。核心竞争力必须对顾客所重视的价值有关键性的贡献。②竞争差异化。核心竞争力必须能够使竞争力独树一帜，不能轻易地被竞争对手模仿。③延展性。核心竞争力必须能够不断推衍出一系列新产品，具有旺盛和持久的生命力。

对企业核心竞争力的诊断和分析要从外部环境开始，分析企业是否在一定的市场环境下有核心产品，然后对企业进行核心竞争力分析。分析的主要内容包括：支持企业核心产品和主营业务的技术优势与专长是什么；这种技术和专长的难度、先进性和独特性如何；企业是否能够巩固和发展自己的专长；能给企业带来何种竞争优势，竞争力强度如何等。企业核心竞争力的独特性和持久性在很大程度上由它存在的基础来决定。一般来说，那些具有高技术难度或内化于企业整个组织体系、建立在系统学习经验基础上的专长，比建立在一般技术难度或个别技术骨干基础上的专长具有更显著的独特性。

企业为了具有更长久的竞争优势，必须不断保护和发展自己的核心竞争力，包括对现有核心竞争力的关注和对新的核心竞争力的培育。对企业核心竞争力的诊断和分析，还应涉及企业发展核心竞争力的能力分析。这主要包括企业对现有技术和专长的保护与发展、对新技术信息及市场变化趋势的追踪与分析、高层领导的进取精神与预见能力等。

2.2 供应链业务外包

在供应链管理环境下，企业强调核心竞争力，强调根据企业的自身特点，专门从事某一领域、某一专门业务，只在某一点形成自己的核心竞争力，这必然要求企业将其他非核心竞争力业务外包给其他企业，即所谓的业务外包（outsourcing）。

目前理论界普遍接受的业务外包的定义是："企业内部资源有限的情况下，为取得更大的竞争优势，仅保留其最具竞争优势的核心业务，而把其他业务借助外部最优秀的专业化资源予以整合，达到降低成本、提高绩效、提升企业核心竞争力和增强企业对环境应变能力的一种管理模式。"

传统的"纵向一体化"模式已经不能适应目前技术更新快、投资成本高、竞争全球化的制造环境，现代企业应更注重高价值生产模式，更强调速度、专门知识、灵活性和革新。与传统的"纵向一体化"控制和完成所有业务的做法相比，实行业务外包的企业更强调把企业资源集中在经过仔细挑选的少数具有竞争力的核心业务上，也就是集中在那些使它们真正区别于竞争对手的技能和知识上，而把其他一些虽然重要但不是核心的业务职能外包给世界范围内的"专家"企业，并与其保持紧密合作的关系。这些企业的领导者就可以把自己企业的整个运作提高到世界级水平，而所需要的费用则与目前的开支相等甚至有所减少。与此同时，往往还可以省去一些巨额投资。最重要的是，实行业务外包的公司出现财务麻烦的可能性，仅为没有实行业务外包公司的1/3。把多家公司的优秀人才集中起来为我所用的概念正是业务外包的核心，其结果是现代商业机构发生了根本的变化。企业内向配置的核心业务与外向配置的业务紧密相连，形成一个关系网络（即供应链）。企业运作与管理也由"控制导向"转为"关系导向"。

2.2.1 外包与传统外购的区别

传统外购偏重零部件、产品的外购。而外包不仅仅是零部件、产品的外购，更强调企业次要业务、服务、原材料、零部件等资源的外向配置（外购）。业务外包的项目和比例主要包括：①信息技术，信息系统（40%）；②固定资产/工厂（15%）；③物流（15%）；④管理；⑤人力资源；⑥用户服务；⑦财务金融；⑧市场营销；⑨销售。

　　而供应链环境下的资源配置决策是一个增值的过程。如果企业能以更低的成本获得比自制更高价值的资源，那么企业就选择业务外包。它可以使企业减少固定资产的投资，降低成本。外部专门的供应商把资源集中在某个领域（零部件或服务），企业可以从供应商的规模效益中获益，并且供应商在这个领域拥有更多的专家和先进的技术，因而质量可以比企业更好。业务外包还可以使企业保持柔性。传统"纵向一体化"的企业发展缓慢，技术革新慢，通过外向资源配置，企业可以在世界范围内选择最优秀的合作伙伴以实现技术上的革新，并与市场变化保持同步。因为不再依靠单一的技术资源，所以企业能在需要的时候以最快的速度对用户的特殊需求作出反应，从而实现运作柔性和保持竞争优势。通过采用柔性制造系统，产品和服务的交付也可以得到改善，企业可以以更快的速度按用户的要求进行生产。与其他企业的良好合作关系，也可以保证企业在用户需要的时候及时提供产品和服务（通过向合作企业外购而不是花更多的时间去生产）。

2.2.2　业务外包的原因和主要方式

　　业务外包推崇的理念是：如果供应链上的某一环节的企业不是世界上最好的，如果这不是企业的核心竞争优势，如果这种活动不至于与客户分开，那么可以把它外包给世界上最好的专业公司去做。也就是说，首先确定企业的核心竞争力，并把企业内部的智能和资源集中在那些有核心竞争优势的活动上，然后将剩余的其他企业活动外包给最好的专业公司。从长远来看，有以下原因促使企业实施业务外包。

1. 释放企业资源

　　企业除了核心业务外，还会涉及一些次要业务。通过将这些次要业务外包，企业可以节省资源，并将这些资源集中投入更具增值性的核心业务上，从而更高效地为用户服务。

2. 分担风险

　　由于自然环境和社会环境的不确定性、市场经济运行与经营者自身业务活动的复杂性、经营者认识能力的滞后性及手段、方法的有限性等方面的原因，企业在经营过程中会不可避免地承受供应风险、生产风险、营销风险、技术风险、财务风险和投资风险等多种类型的经营风险，而经营风险具有复杂性、潜在性、破坏性等特性。企业可以通过外向资源配置分散由政府、经济、市场、财务等因素产生的风险。企业本身的资源、能力是有限的，通过资源外向配置，与外部的合作伙伴分担风险，企业可以变得更有柔性，更能适应变化的外部环境。

3. 加速重构优势

　　企业重构需要花费很多的时间，并且获得效益也要很长的时间。而业务外包是企业重构的重要策略，可以帮助企业很快地解决业务方面的重构问题。

　　而从短期来看，业务外包有以下主要原因。

1. 企业难以管理或失控的辅助业务职能

　　企业可以将在内部运行效率不高的业务职能外包，但是这种方法并不能彻底解决企业的问题；相反，这些业务职能可能在企业外部变得更加难以控制。在这种时候，企业必须花时间去找到问题的症结所在。

2. 使用企业没有的资源

如果企业没有有效完成业务所需的资源（包括现金、技术、设备），而且不能盈利，企业也会将业务外包。这是企业临时外包的原因之一，但是企业必须同时进行成本/利润分析，确认在长期情况下这种外包是否有利，由此决定是否应该采取外包策略。

3. 降低和控制成本

这可能是企业外向配置资源的主要原因。许多外部资源配置服务提供者都拥有比本企业更有效、更便宜地完成业务的技术和知识，因而它们可以实现规模效益，并且愿意通过这种方式获利。

据美国一家公司调查，外包物流功能所节约的成本如表 2.1 所示。

表 2.1　外包物流功能所节约的成本

项　　目	预计节约的成本 /%
物流路径重新设计和最优化	10～15
封闭路径的转移服务	15
运输模式的转换	10～15
核心运输商管理和通路搭配	5～10
运输谈判和审计	4～5
入货运输货物整合以及运输模式选择	20～25
反向物流	10～15
专门运输商地点整合	10～12
库存及维持库存成本	7～10

资料来源：Armstrong and Associates.

业务外包主要包括以下几种方式。

1. 临时服务和临时工

一些企业在完全控制它们的主产品的生产过程时，会外包一些诸如自助餐厅、邮件管理、门卫等辅助性、临时性的服务。同时企业更偏向于使用临时工（指合同期短的临时职工），而不是雇佣工（指合同期长的稳定职工）。企业用最少的雇佣工最有效地完成规定的日常工作量，而在有辅助性服务需求的时候雇用临时工去处理。临时工对失业的恐惧或报酬的重视，使他们对委托工作认真负责，从而提高工作效率。临时性服务的优势在于企业需要有特殊技能的职工而又不需永久拥有，这在企业有超额工作时尤为显著。这样企业可以缩减过量的经常性开支、降低固定成本，同时提高劳动力的柔性和生产率。

2. 子网

为了夺回以往的竞争优势，大量"控制导向""纵向一体化"的企业组织分解为独立的业务部门或公司，形成母公司的子网公司。就理论上而言，这些独立的部门性公司几乎完全脱离母公司，从而变得更加有柔性、效率和创新性。同时，因为降低了"纵向一体化"环境下官僚作风的影响，它们能更快地反应于快速变化的市场环境。

1980 年，IBM 为了在与 Apple 公司的竞争中取胜，将公司的 7 个部门分解出去创立 7 个独立的公司，它的这些子网公司更小、更有柔性，能更有效地适应不稳定的高科技市场，这使 IBM 迸发出前所未有的创造性，最终导致 IBM PC 的成功。

3. 与竞争者合作

与竞争者合作使得两个竞争者把自己的资源投入共同的任务（诸如共同的开发研究）中，这样不仅可以使企业分散开发新产品的风险，同时也使企业获得比单个企业更高的创造性和柔性。

Altera 公司与竞争者 Intel 公司的合作就是一个最好的例证。Altera 公司是一家高密 CMOS 逻辑设备的领头企业，当时它有一个新的产品设想，但是它没有其中硅片的生产能力，而作为其竞争者的 Intel 公司可以生产。于是，它们达成一个协议：Intel 公司为 Altera 公司生产这种硅片，而 Altera 公司授权 Intel 公司生产和出售 Altera 公司的新产品。这样两家都通过合作获得了单独所不可能获得的竞争优势，Altera 公司获得了 Intel 公司的生产能力，而 Intel 公司获得了 Altera 公司的新产品的相关利益。

尤其在高科技领域，企业要获得竞争优势，必须尽可能小而有柔性，并尽可能与其他企业建立合作关系。

4. 脑力外包

据悉，目前"脑力外包"最多的是信息技术管理，它占所有业务外包服务的 28%，几乎每一家实行业务外包的公司都把它的信息部门的某些职能外包出去。

5. 公关外包

公关外包在国际上是相当流行的做法，几乎所有的《财富》500 强企业都将部分甚至全部公关业务外包，有些公关业务外包的形式还很独特，像杜邦、GM（通用汽车公司），其将部分公关职能外包给专业公关公司，在公关公司上班的一部分职员实际上是该公司的职员，领的是该公司的工资，其活动开支都打入总公司的预算。公关公司和这些职员共同策划公关活动，由这些职员具体实施。

6. 人力资源管理外包

目前我国一些人才中介机构推出的"网上人事管理"和"人事专员"就是人力资源外包的雏形。它们可以将物色人才、转接关系和个人档案管理等一手承揽，代企业完成招聘的所有过程。

7. 除核心竞争力之外的完全业务外包

业务外包的另一种方式是转包（subcontract）合同。在通信行业，新产品寿命基本上不超过 1 年，MCI 公司就是靠转包合同而不是靠自己开发新产品在竞争中立于不败之地。MCI 公司的转包合同每年都在变换，它有专门的小组负责寻找能为其服务增值的企业，从而使其保持提供最先进的服务，它的通信软件包都是由其他企业完成的，而它所要做的（即它的核心业务）是将所有通信软件包集成在一起为客户提供最优质的服务。

2.2.3　业务外包的风险

成功的业务外包策略可以帮助企业降低成本、提升业务能力、改善产品质量、提高利润率和生产率。但是它同时也会遇到一些问题，许多业务外包由于没有正确地将适当的业务进行外向资源配置，以及没有选择好合作伙伴，过分强调短期效益，从而导致业务外包的失败。关于业务外包的风险，主要来源于以下几个方面。

首先，业务外包一般可以减少企业对业务的监控，但它同时可能增大企业责任外移的可能性，所以企业必须不断监控外包企业的行为并与之建立稳定、长期的联系。

其次，业务外包的问题可能来自职工本身。随着更多业务的外包，他们会担心失去工作。如果他们知道自己的工作被外包只是时间问题的话，可能会业绩下降，因为他们会失去对企业的信心和努力工作的动力，导致更低的业绩水平和生产率。另外，越来越多的企业将部分业务转移到欠发达国家，获得廉价劳动力以降低成本。企业必须确认自己在这些地方并没有与当地水平偏差太大，并且必须确认企业的招聘工作在当地公众反应中是否消极。公众的反应对于企业的业务、成本、销售有很大影响。

最后，在世界经济范围内竞争，企业必须在全球范围内寻求业务外包。在全球范围内对原材料、零部件的配置正成为企业国际化进程中获得竞争优势的一种重要技术手段。全球资源配置已经使许多行业的产品制造国的概念变得模糊了。原来由一个国家制造的产品，可能通过远程通信技术和迅捷的交通运输成为国际组装而成的产品，开发、产品设计、制造、市场营销、广告等可能是由分布在世界各地的能使产品增值最多的企业完成的。例如，通用汽车公司的 Pontiac LeMans 已经不能简单定义为美国制造的产品，它的组装生产是在韩国完成的，发动机、车轴、电路由日本提供，设计工作在德国，其他一些零部件来自中国台湾省以及新加坡、日本，西班牙提供广告和市场营销服务，数据处理在爱尔兰和巴巴多斯完成，其他一些服务如战略研究、律师、银行、保险等分别由底特律、纽约和华盛顿等地提供，只有大约总成本的 40% 发生在美国本土。

全球业务外包也有它的复杂性、风险和挑战。国际运输方面可能遇到地区方面的限制，订单和再订货可能遇到配额的限制，汇率变动及货币的不同也会影响付款的正常运作。因此，全球业务外包需要有关人员具备专业的国际贸易知识，包括国际物流、外汇、国际贸易实务、国外供应商评估等方面的知识。

2.3　供应链合作伙伴关系

2.3.1　供应链合作伙伴关系概述

供应链合作关系（SCP），也就是供应商 - 制造商（supplier-manufacturer）关系，或者称为卖主 / 供应商 - 买主（vendor/supplier-buyer）关系、供应商关系（supplier partnership）。供应链合作关系可以定义为供应商与制造商之间，在一定时期内的共享信息、共担风险、共同获利的伙伴关系。

这样一种战略合作关系形成于集成化供应链管理环境下，以及供应链中有特定的目标和利益的企业之间。形成的原因通常是降低供应链总成本、降低库存水平、增强信息共享水平、改善交流、保持战略伙伴操作的一贯性、产生更大的竞争优势，以实现供应链节点企业的财务状况、质量、产量、交货期、用户满意度和业绩的改善与提高。显然，战略合作关系必然要求强调合作和信任。

实施供应链合作关系就意味着新产品 / 技术的共同开发、数据和信息的交换、市场机会共享和风险共担。在供应链合作关系环境下，制造商选择供应商不再是只考虑价格，而是更注重选择能在优质服务、技术革新、产品设计等方面进行良好合作的供应商。

供应商为制造商的生产和经营供应各种生产要素（如原材料、能源、机器设备、零部件、工具、技术和劳务服务等）。供应商所提供要素的数量、价格，直接影响制造商的生产的好坏、成本的高低和产品质量的优劣。因此，制造商与供应商的合作关系应着眼于以下几个方面。

（1）让供应商了解企业的生产程序和生产能力，使供应商能够清楚地知道企业所需要产品或原材料的期限、质量和数量。

（2）向供应商提供自己的经营计划和经营策略的必要措施，使供应商明确企业自身的希望，以使自己也能随时实现企业要求的目标。

（3）企业与供应商要明确双方的责任，并各自向对方负责，明确共同的利益所在，并为此团结一致，以达到双赢的目的。

供应链合作关系发展的主要特征就是从以产品/物流为核心转向以集成/合作为核心。在集成/合作逻辑思想的指导下，供应商和制造商把它们的需求与技术集成在一起，以实现为制造商提供最有用产品的共同目标。因此，供应商与制造商的交换不仅是物质上的交换，而且包括一系列可见和不可见的服务［R&D（科学研究与试验发展）、设计、信息、物流等］。

供应商要具备创新能力和良好的设计能力，以保证交货的可靠性和时间的准确性。这就要求供应商采用先进的管理技术［如 JIT（准时化生产）、TQM（全面质量管理）等］，管理和控制中间供应商网络。而对制造商来说，要提供的活动和服务包括控制供应市场、管理和控制供应网络、提供培训和技术支持、为供应商提供财务服务等。

2.3.2　供应链合作关系的意义

在新的竞争环境下，供应链合作关系研究强调直接的、长期的合作，强调共同努力实现共有的计划和解决共同问题，强调相互的信任与合作。这与传统的关系模式有着很大的区别。

供应链合作关系与传统供应商关系的区别主要体现在表 2.2 中的几个方面。

表 2.2　供应链合作关系与传统供应商关系的区别

项　　目	传统供应商关系	供应链合作关系
相互交换的主体	物料	物料、服务
供应商选择标准	强调价格	多标准并行考虑（交货的质量和可靠性等）
稳定性	变化频繁	长期、稳定、紧密合作
合同性质	单一	开放合同（长期）
供应批量	小	大
供应商数量	大量	少（少而精，可以长期紧密地合作）
供应商规模	小	大
供应商的定位	当地	国内和国外
信息交流	信息专有	信息共享（电子化链接、共享各种信息）
技术支持	不提供	提供
质量控制	输入检查控制	质量保证（供应商对产品质量负全部责任）
选择范围	投标评估	广泛评估可增值的供应商

从供应链合作关系在缩短供应链总周期时间中的地位可以看出它对于供应链管理企业的重要意义（图 2.1）。

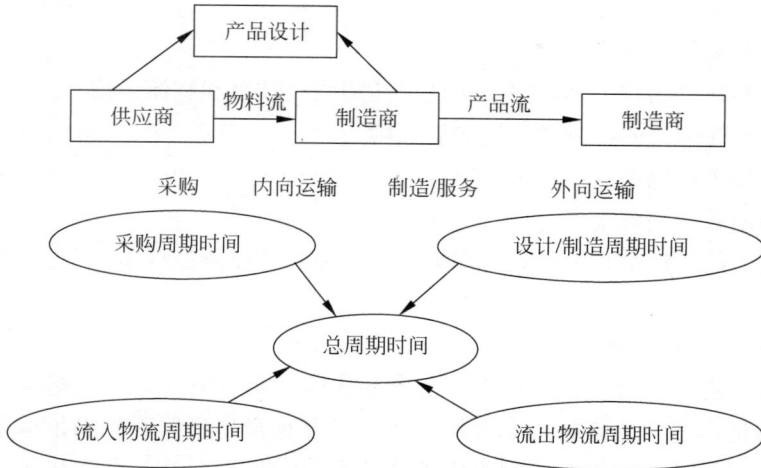

图 2.1 供应链总周期时间

时间是企业赢得竞争的关键所在，供应链中制造商通过与供应商、分销商的合作，以及缩短供应链总周期时间，达到降低成本和提高质量的目的。从图 2.1 中可以看出，要缩短总周期时间，主要依靠缩短采购周期时间、流入物流（inbound logistics）周期时间、流出物流（outbound logistics）周期时间和设计 / 制造周期时间（制造商与供应商共同参与），显然加强供应链合作关系运作的意义重大。

通过建立供应商与制造商之间的战略合作关系，可以实现以下目标。

1. 对于制造商 / 买主

（1）降低成本（降低合同成本）。

（2）实现数量折扣、稳定而有竞争力的价格。

（3）提高产品质量和降低库存水平。

（4）加强时间管理。

（5）交货提前期的缩短和可靠性的提高。

（6）提高面向工艺的企业规划。

（7）更好的产品设计和更快地对产品变化的反应速度。

（8）强化数据信息的获取和管理控制。

2. 对于供应商 / 卖主

（1）保证有稳定的市场需求。

（2）对用户需求更好地了解 / 理解。

（3）提高运作质量。

（4）提高零部件生产质量。

（5）降低生产成本。

（6）提高对买主交货期改变的反应速度和柔性。

（7）获得比非战略合作关系的供应商更高的利润。

3. 对于双方

（1）改善交流。

（2）实现共同的期望和目标。

（3）共担风险和共享利益。

（4）共同参与产品和工艺开发，实现工艺集成、技术和物流集成。

（5）降低外在因素的影响及其造成的风险。

（6）削弱投机思想和降低投机概率。

（7）增强矛盾冲突解决能力。

（8）规模效益，订单、生产、运输上实现规模效益以降低成本。

（9）减少管理成本。

（10）提高资产利用率。

虽然有这些利益，但仍然存在许多潜在的风险，会影响供应链战略合作关系的参与者。最重要的是，过分地依赖一个合作伙伴可能会在合作伙伴不能满足期望要求时损失惨重。同时，企业可能由于对战略合作关系的失控、过于自信、合作伙伴的过于专业化等原因降低竞争力。而且，企业可能过高估计供应链战略合作关系的利益而忽视潜在的缺陷。所以企业必须对传统合作关系和战略合作关系策略作出正确对比，再作出最后的决策。

战略伙伴的企业关系体现了企业内外资源的集成与优化利用。基于这种企业环境的产品制造过程，从产品的研究开发到投放市场，周期大大地缩短，而且顾客导向化程度更高，模块化、简单化、标准化的组件，使企业在多变的市场中柔性和敏捷性显著增强。虚拟制造与动态联盟加强了业务外包策略的利用，企业集成从原来的中低层次的内部业务流程重组上升到企业间的协作，形成一种更高级别的企业集成模式。

合作关系密切程度带来的价值增值如图 2.2 所示。

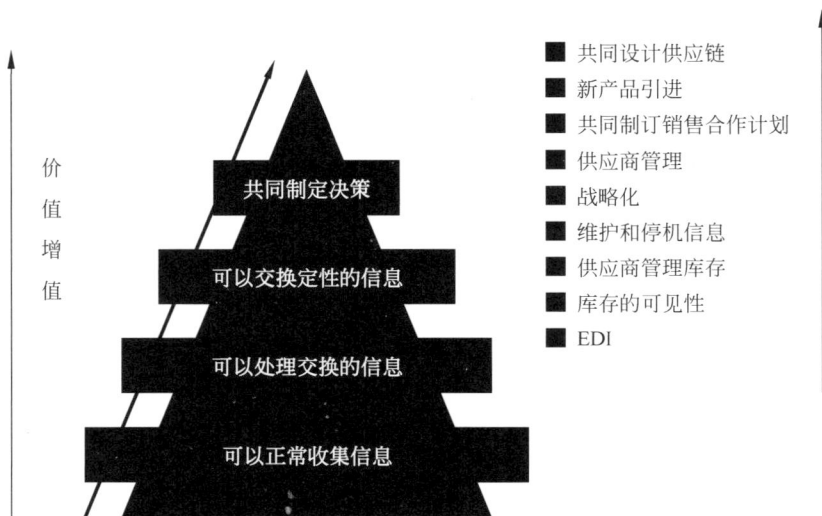

图 2.2　合作关系密切程度带来的价值增值

2.3.3 选择合适的供应链合作伙伴

1. 选择合作伙伴考虑的主要因素

国内学者感受到全球化的竞争浪潮，开始越发重视与供应商合作关系的转变，由原先传统的合作关系转变为合作伙伴，甚至是战略合作伙伴的关系。陈启杰和齐菲（2009）将跨国公司在华采购时对中国供应商考核的标准设定为技术水平、经营能力、服务水平、经营环境 4 项一级指标及 25 项二级指标，并构建三阶段理论模型。薛帅飞（2016）利用模糊综合评价法建立了具体的评价模型，从质量、交货能力、成本、服务、研发能力、管理水平 6 个一级评价指标体系，运用层次分析法（Analytic Hierarchy Process，AHP）界定指标的权重。卢梓烨等（2015）结合复杂产品系统的特点，建立有产品竞争力、合作双方兼容性、技术水平、供应商竞争力 4 个一级指标、15 个二级指标的供应商选择指标体系。

此后，随着社会环保意识的提升，越来越多的学者和专家开始将环境绩效指标纳入供应链选择指标体系中。这意味着在进行供应链管理和决策时，不仅考虑到经济和质量等传统指标，还要考虑到环境方面的影响和表现。牟能治等（2018）从社会绩效、环境绩效与经济绩效三方面构建可持续供应商评估指标体系。

评价指标的选取范围已经基本上覆盖了供应商的组成属性。除了供应商选择研究早期阶段如产品质量、成本、技术、交货期、服务、设施等高频被选评估指标外，随着研究的多元化发展及外部社会环境的变化，在实际的指标选取当中也出现了许多新颖的指标，如社会绩效、社会环境等，从而也说明了目前对于供应商评估的综合性、灵活性不断与实际环境匹配，选取的评估指标也更具体化。

从调查数据以及通过与一些企业管理人员的交谈发现，我国企业评价和选择合作伙伴时存在较多问题：主观成分过多，有时往往根据企业的印象来确定合作伙伴，且掺杂一些个人的成分；选择的标准不全面，目前企业的选择标准多集中在企业的产品质量、价格、柔性、交货准时性、提前期和批量等方面，没有形成一个全面的综合评价指标体系，不能对企业作出全面、具体、客观的评价。

2. 供应链管理下合作关系的类型

在集成化供应链管理环境下，供应链合作关系的运作需要减少供应源的数量（短期成本最小化的需要，但是供应链的合作关系并不意味着单一的供应源），相互的连接变得更专有（紧密合作的需要），并且制造商会在全球市场范围内寻找最杰出的合作伙伴。这样可以把合作伙伴分为两个层次：重要合作伙伴和次要合作伙伴。重要合作伙伴是少而精的、与制造商关系密切的合作伙伴，而次要合作伙伴是相对多的、与制造商关系不很密切的合作伙伴。供应链合作关系的变化主要影响重要合作伙伴，而对次要合作伙伴的影响较小。

根据合作伙伴在供应链中的增值作用和它的竞争实力，合作伙伴分类矩阵如图 2.3 所示。纵轴代表的是合作伙伴在供应链中的增值作用，对于一个合作伙伴来说，如果它不能对增值作出贡献，那么它对供应链的其他企业就没有吸引力。横轴代表某个合作伙伴与其他合作伙伴的区别，主要是设计能力、特殊工艺能力、柔性、项目管理能力等方面的竞争力的区别。

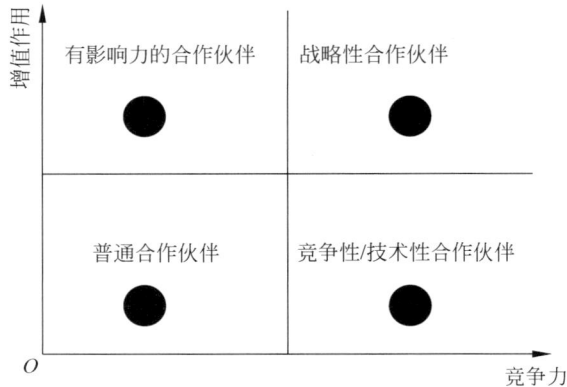

图 2.3　合作伙伴分类矩阵

在实际运作中，应根据核心企业不同的选择目标、不同的价值取向，选择不同类型的合作伙伴。对于长期合作需求而言，应选择战略性合作伙伴；对于短期或某一短暂市场需求而言，只需选择普通合作伙伴满足需求则可，以保证成本最小化；对于中期需求而言，则要根据竞争力和增值作用对供应链的重要程度，相应地选择有影响力或竞争性/技术性的合作伙伴。

3. 合作伙伴选择的常用方法

选择合作伙伴，是对企业输入物资的适当品质、适当期限、适当数量、适当价格的总体进行选择的起点与归宿。选择合作伙伴的方法较多，一般要根据供应单位的多少、对供应单位的了解程度以及对物资需要的时间是否紧迫等要求来确定。目前，国内外较常用的方法综述如下。

1）直观判断法

直观判断法主要是通过直观倾听和采纳有经验的采购人员意见，或者直接由采购人员凭经验作出判断。其常用于选择非主要原材料的合作伙伴。

2）招标法

招标法是由企业提出招标条件，各招标合作伙伴进行竞标，然后由企业决标，与提出最有利条件的合作伙伴签订合同或协议。这种方法主要在订购数量大、竞争激烈的情况下采用。

3）协商选择法

协商选择法由企业在众多供货对象中选出几个供应条件较为有利的合作伙伴，同它们分别进行协商，再确定适当的合作伙伴，适于采购时间紧迫、投标单位少、竞争程度小、订购物资规格和技术条件复杂的情况。

4）采购成本比较法

采购成本比较法即对质量和交货期都能满足要求的合作伙伴，通过计算采购成本来进行比较分析，选择采购成本较低的合作伙伴。采购成本一般包括售价、采购费用、运输费用等各项支出。

5）ABC 成本法

一种被称为"ABC"的新的成本计算方法正在不断地渗透物流界。ABC 是 activity-based costing 的简称。通过计算合作伙伴的总成本来选择合作伙伴，其总成本模型为

$$S_i^B = (p_i - p_{min})q + \sum c_j^B D_{ij}^B$$

式中，S_i^B 为第 i 个合作伙伴的成本值；p_i 为第 i 个合作伙伴的单位销售价格；p_{min} 为合作伙伴中单位销售价格的最小值；q 为采购量；c_j^B 为因企业采购相关活动导致的成本因子 j 的单位成本；D_{ij}^B 为因合作伙伴 i 导致的在采购企业内部的成本因子 j 的单位成本。

这个成本模型用于分析企业因采购活动而产生的直接成本和间接成本的大小。企业将选择 S_i^B 值最小的合作伙伴。

除了上面介绍的几种方法外，企业也可采用层次分析法、神经网络算法等方法来选择合适的合作伙伴。

2.4 供应链合作伙伴关系中的约束理论

1. 约束理论之原理

在认识核心企业重要作用的同时，需要提醒注意的是：物理学原理告诉我们，一条链子的强度，等于这条链子最薄弱环节的强度。这也意味着，最弱的环节往往也是最强的，因为它有使整个链条脱节的巨大力量。在经济学中也有一个非常著名的木桶盛水原理：长短不一的木板箍成一个木桶，该木桶的容量不是取决于桶壁中最长的那根，恰恰取决于其中最短的那根，因为不论其他木板有多长，只要水面高过最短的那根，水就会自动溢出来。所以，一条供应链是否强有力或有竞争优势，也要全面考虑。对此，生产管理中的约束理论（Theory of Constraints，TOC）提供了很好的借鉴。

相同的道理，也可以将企业或机构视为一个链条，每一个部门是这个链条中的一环。一个链条的强度是由它最薄弱的环节来决定的，如果我们想实现预期的目标，必须从最弱的一环，也就是从瓶颈（或约束）的一环下手，才可得到显著的改善。如果这个约束决定一个企业或组织实现目标的速率，我们必须从克服该约束着手，才能以更快的步伐在短时间内显著地提高系统的产出。

所有人利用直觉就可以判断：现实中没有一个系统可以有无限的产出。回到前面所说的链的比喻，如果我们强化了最弱的一环，其他较弱的一环就会成为新的最弱的环。拿一家公司来说，它的约束会随着时间的推移而漂移。例如，从制造到成品的分销，或是从生产到研发，或是营销业务可否接到更多的客户的订单，在这条供应链上的任何一个环节都可能成为下一个最弱的环，成为"卡脖子"的地方。有的约束是在工厂或公司内，称之为"内部约束"；有的约束是在市场或外在环境中，称之为"外部约束"。因此，企业要不断地探讨：下一个约束在哪里？企业该如何克服这个新的约束？

TOC 的基本思想在其管理原则上得到了具体体现，它是实施 TOC 的基石。该原则包括以下几方面。

1）不是以追求设备的生产能力平衡为目标，而是追求物流的平衡

在设计一个新企业时，自然会追求生产过程各环节的生产能力的平衡，使企业的生产能力得到充分利用。对于一个已投产的企业，特别是多品种生产的企业，如果单纯追求生产能力的平衡，那么即便企业的生产能力被充分利用了，但是产品并非都能恰好符

合当时市场的需求，必然有一部分要积压。

TOC 则主张在企业内部平衡物流，认为平衡生产能力实际是做不到的。因为市场每时每刻都在变化，而生产能力总是相对稳定的。所以必须接受市场波动及其引起的相关事件这个现实，并在这种前提下追求物流平衡。所谓物流平衡，就是使各个工序都与瓶颈环节同步，以求生产周期最短、在制品最少。

2）非瓶颈资源的利用程度不是由其本身潜能决定的，而是由系统中的瓶颈资源决定的

系统的产出是由所能经过瓶颈的量决定的，即使瓶颈限制了产销量。而非瓶颈资源的充分利用不仅不能提高产销量，反而会使库存和运行费增加。

3）瓶颈资源损失的时间无法弥补

一般来说，生产时间包括加工时间和调整准备时间。但在瓶颈资源与非瓶颈资源上的调整准备时间的意义是不同的。因为瓶颈控制了产出，在瓶颈上中断了一个小时，是没有附加的生产能力来补充的。而如果在瓶颈资源上节省一个小时的准备时间，则将能增加一个小时的加工时间，相应地，整个系统也增加了一个小时的产出。所以，对瓶颈应采取特别的保护措施，不要因管理不善而中断或窝工，要使其保持 100% 的"利用"，从而增加系统的产出。

4）非瓶颈获得一个小时是毫无意义的

因为在非瓶颈资源上的生产时间除了加工时间和调整准备时间之外，还有闲置时间，节约一个小时的调整时间并不能增加产出，而只能增加一个小时的闲置时间。

5）瓶颈控制了库存和产出

企业的产出和库存受到企业的生产能力与市场的需求量两方面的制约，而它们都是受瓶颈控制的。如果瓶颈存在于企业内部，表明企业的生产能力不足，由于受到瓶颈能力的限制，相应的产出也受到限制；而如果企业所有资源都能维持高于市场需求的能力，则市场需求就成了瓶颈。这时，即便企业能多生产，但由于市场承受能力不足，只会造成企业产品的积压，增加其库存成本。

同时，由于瓶颈控制了产出，所以企业的非瓶颈应与瓶颈同步，它们的库存水平只要维持瓶颈上的物流连续稳定即可，过多的库存只是浪费。这样，瓶颈也就相应地控制了库存。

2. TOC 对供应链的启迪

对于一个生产产品的企业来说，可以认为它的整个经营过程是由若干个相互联系的环节所组成的链条。从市场营销、接受订单、采购原材料、生产加工、产品包装直到产品发运，一环扣一环，一个环节的产出受其前面环节的制约。

传统的管理模式习惯于把链条断开，对系统中的每个环节进行局部优化。这种做法认为：对任何一个环节的改进就是对整个链条的改进，系统的整体改进等于各个分环节的改进之和。对链条的管理水平以链条的"重量"来衡量，而不是以链条的"力量"来衡量。

应用这种管理模式的结果是：每个部门的管理人员都在同时抢夺系统的资源。他们都想使自己环节的重量最大化，因为他们相信这样就是使整个系统的有效性最大化的途

径。至于实际结果怎样呢？以一家出版公司的实例给出答案。

书籍出版的一个中间环节是印刷，印刷部门的改进小组向出版公司总经理提交了一份建议书，建议公司只要花 20 万元，就能采用一种新方法，使印刷部门的生产率提高 25%，而且立竿见影。总经理感觉不错，就在即将签字时，有人提问："印刷部门的产出会去向哪里？下一个生产环节的在制品多不多？"总经理决定调查一下，结果发现，下一生产环节的在制品已经堆积起来了。也就是说，这家公司差一点花 20 万元买来延长下一个生产环节的制品的排队等待时间达 25% 以上这样一个结果，这 20 万元的花费其实没有给公司带来任何利润！

TOC 引导管理者去找出链条中最薄弱的一环。假如发现生产是最薄弱的一环，那么，即使市场营销可以吸引足够多的顾客需求、公司的订单很充足、原材料可以准时到货，生产多少就可以包装多少，也能按时装运，可生产却跟不上。这时，通过改进包装环节也许能节约一些成本，但从长期来看，并不能使公司如期完成比现在更多的订单。对于采购、营销等环节也是同样。这就是："如果你对什么都关注，那就是什么都不关注。"只有对生产环节进行改造，才能真正增加企业的利润。

这种思想可以归结为：对大多数环节进行的大多数改进是对整个链条无益的；系统的整体改进不等于各个环节的改进之和；企业的经营业绩应该以链条的"力量"（而不是"重量"）来衡量，这就要通过加强最薄弱环节来实现。

这种管理模式的应用可以避免企业内部各部门进行"资源大战"。因为一旦识别最薄弱的一环（即企业的"约束"），那么企业的资源就应该用在改进这个约束上。

上述分析以企业的内部供应链为例，其实，此类问题同样可延伸到包括供应商、制造商、分销商、零售商、顾客在内的扩展的供应链，以及其他相关参与者（比如物流公司、信息系统提供商等）中，只不过链条的复杂性与协调衔接的难度更大，也更容易断裂。

本章小结

企业资源包括内部资源和外部资源两个方面，如何通过整合内部资源与外部资源来增强竞争力，是企业自制与业务外包决策的出发点。

当今企业竞争是一个动态的过程，主要具有以下三个特征：①竞争对象的不断开创与抵消；②竞争焦点的不断转移与改变；③竞争主体多元化。

企业竞争力，就是企业和企业家设计、生产和销售产品与劳务的能力，其产品和劳务的价格与非价格的质量等特性，比竞争对手的产品具有更大的市场吸引力。企业核心竞争力的外部特征可以归纳为三个方面：①顾客价值；②竞争差异化；③延展性。

业务外包的定义是企业在其内部资源有限的情况下，为取得更大的竞争优势，仅保留其最具竞争优势的核心业务，而把其他业务借助外部最优秀的专业化资源予以整合，达到降低成本、提高绩效、提升企业核心竞争力和增强企业对环境应变能力的一种管理模式。

从长远来看，促使企业实施业务外包的长期原因是：①释放企业资源；②分担风险；③加速重构优势。其短期原因是：①企业难以管理或失控的辅助业务职能；②使用企业没有的资源；③降低和控制成本。

业务外包主要包括以下几种方式：①临时服务和临时工；②子网；③与竞争者合作；

④脑力外包；⑤公关外包；⑥人力资源管理外包；⑦除核心竞争力之外的完全业务外包。

供应链合作关系可以定义为供应商与制造商之间，在一定时期内的共享信息、共担风险、共同获利的伙伴关系。

根据合作伙伴在供应链中的增值作用和它的竞争实力，可以将其分成战略性合作伙伴、有影响力的合作伙伴、竞争性/技术性合作伙伴、普通合作伙伴。

TOC 对供应链的启迪：对大多数环节进行的大多数改进是对整个链条无益的；系统的整体改进不等于各个环节的改进之和；企业的经营业绩应该以链条的"力量"（而不是"重量"）来衡量，这就要通过加强那个最薄弱的环节来实现。

复习与思考

1. 当今企业的竞争特征有哪些？

2. 什么是企业竞争力？

3. 企业核心竞争力的外部特征有哪些？

4. 什么是业务外包？

5. 企业实施业务外包的原因是什么？

6. 业务外包主要包括哪些方式？

7. 供应链合作关系的定义是什么？

8. TOC 对供应链的启迪是什么？

即测即练

下篇：领先企业供应链管理实践

本章关键词

建筑供应链（construction supply chain）

建筑供应链采购管理（construction supply chain procurement management）

采购管理是供应链管理的重点内容之一，它是供应链企业之间合作的具体实施过程，是沟通需求与供给的一座桥梁。采购管理是供应链管理的起始点，是保证客户订单交货期的关键环节。在供应链管理下，采购必须做到：从为库存采购到为订单采购的转变；从采购管理到外部资源管理的转变；从一般买卖关系到战略协作伙伴关系的转变。因此为使供应链系统能够实现无缝连接，并提高供应链企业的同步化运作效率，就必须加强对采购的管理。本章聚焦建筑供应链，探索 S 建筑企业供应链的采购管理及运行特征。

3.1 建筑供应链管理的理论基础

3.1.1 建筑供应链

1. 建筑供应链的内涵

建筑供应链的概念来源于制造业，但依据建筑业的经营活动特点，又有别于制造业。从项目建设角度来看，建筑供应链是以业主对项目的建设要求为目标，从项目需求出发，经过项目确定、投资、设计、采购、施工、竣工验收交付、使用维护等阶段，直至项目寿命终止拆除等一系列建设过程中所涉及的有关组织机构组成的功能性网链结构。从企业管理角度来讲，建筑供应链是指依据业主对工程项目的有效需求，以建筑施工企业为核心，通过对物流、资金流、信息流的有效控制，从原材料计划采购到运输、仓储、现场使用、项目竣工交付到售后维护，将物料供应商、分包供应商、设备租赁企业等连成一个整体的功能性网链结构模式。

建筑供应链又可分为内部供应链和外部供应链。内部供应链主要强调的是建筑企业内部组织架构之间的协调，外部供应链则是指建筑产业链上所有组织成员单位之间因经济利益等形成的复杂的组织协作关系，这也是通常意义上的建筑供应链。建筑供应链运行示意图如图 3.1 所示。

2. 建筑供应链的特征

建筑供应链以建筑产品的建造为根本任务，建筑产品的建造环境复杂多变，不同于普通产品制造是室内作业，建筑产品建造具有一定的特殊性。因此，建筑供应链总结起

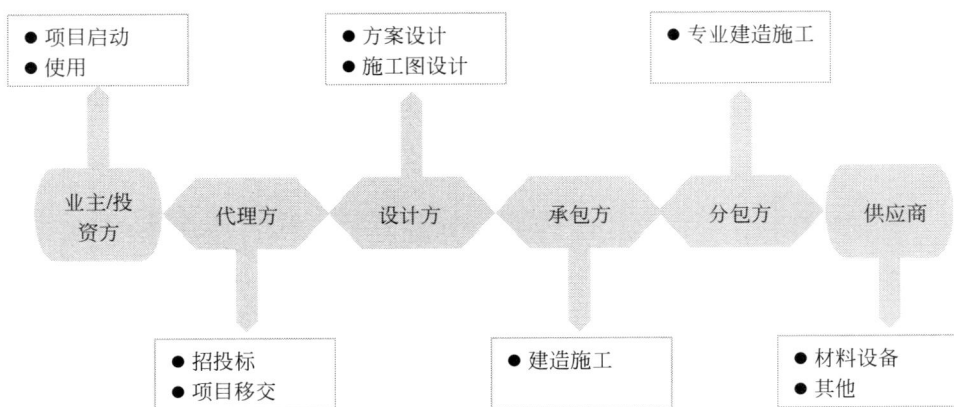

图 3.1　建筑供应链运行示意图

来有以下主要特点。

（1）临时组建，产业链长。建筑供应链是依附于立项而生成的，同时又伴随着项目建造的结束而解体。项目本身是供应链存在的直接决定因素，主要由建筑产品的生产和建筑材料的供应两大板块组合而成，产业融合交叉涉及，链条较长。

（2）成员众多，运营复杂。一个项目的建设往往需要多个分供应商成员的相互协调配合才能完成，其中建筑企业是订单驱动式生产，而建材企业是研发式推广销售，两者复杂且截然不同的运营模式让供应链结构变得复杂，且在运营过程中很容易出现供需不平衡，造成社会资源浪费。

（3）协调管理难度大。建筑采购品种繁多，涉及建材、工业品材料、办公及生活用品等，数量多，金额大，经济业务关系复杂，协调工作量大，不仅需要日常的管理，还需要上层的战略管理和计划管理等。

（4）信息化需求程度高。供应链的正常运作离不开信息准确、及时、有效地传递，从客户端到生产端，信息不失真、不扭曲，效率高效，处理及时，不仅可以保障供应链的有效运行，还能节约管理成本。

3.1.2　建筑采购管理

1. 建筑采购管理的内容

新中国成立以来，我国的采购管理经历了"计划经济""改革起步""市场推进""科学管理""转型发展"五个阶段。建筑采购最开始仅仅是指为获取较低建筑材料价格的一种买卖行为，到了 20 世纪 70 年代，建筑采购借鉴了制造业的相关经验，渐渐演变成包括采购、库存和物流配送等内容的材料管理，在结合了这些活动后，采购的效率也大大地提高了。到了 20 世纪 90 年代，随着供应链管理思想的盛行，建筑行业的材料管理被纳入供应链管理体系中，建筑采购便成为建筑企业从供应商处获取劳务、材料、设备和机械等资源，以满足建筑产品生产需要的过程，它不再是货币与产品的简单交换活动，更应该被理解为一种企业职能，一种为企业降低成本、增加效益的管理手段。每一家企业，无论它是生产商、批发商还是零售商，都必须从外部供应商手中购买原材料、获得服务、取得物料供应以支持本企业的运作。传统的观点认为，和本企业的其他活动比较起来，从外部获取输入的支持过程是毫无必要的，因而采购行为被看作一种事务性或者低层次的管理活动，其责任仅仅是执行和处理企业其他部门所制定的订单，其目标仅仅是购买更便宜的物料以及以更低的成本供应物料，其主要功能是降低成本。采购管理工作的重心是与供应商之间的商业交易活动，虽然质量、交货期也是采购过程中的考虑因素，但对这两者都是通过事后把关的方式来进行控制，如到货验收等，交易过程的重点放在价格的谈判上。因此，供应商和采购部门之间经常要进行询价、报价、还价等来回谈判，并且多头进行，通过多个供应商之间的竞争，从中选择价格最低的供应商作为合作伙伴。建筑采购管理内容如图 3.2 所示。

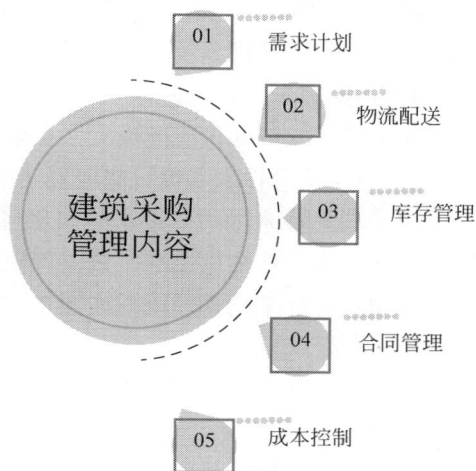

图 3.2　建筑采购管理内容

2. 建筑采购管理的特点

1）材料种类多且复杂，管理难度大

项目建设过程中涉及的原材料种类非常多，且由众多供应商负责提供，这些材料往往体积大、需占用较大的场地、价值大小不等，涉及多个专业内容，涉及的供应商也是遍及多个行业，每种材料对于不同的工程项目的重要性也不尽相同，材料之间还存在广泛的相互依赖关系。这不仅和企业发展战略、承接项目类型等有直接关系，还会受到材料自身迭代更新的影响，呈现出动态发展的过程，管理起来非常复杂。

2）不确定性因素多

项目从开工到竣工的全过程无时无刻不在经历许多的不确定性，如设计变更、材料价格涨跌波动、环境变化、天气变化、不可抗力等各方面都有可能影响采购成本。

3）涉及环节多，内容广

不同于以往点对点的买卖模式，现代建筑企业的采购职权对采购管理要求更宽泛，包括材料招标采购、分包招标采购、成本控制、合同管理、付款管理、供应商管理等内容，在实际的项目建设过程中，采购活动更是几乎贯穿项目的整个建设时间。

3. 建筑企业供应链采购管理模式的进步

在供应链管理下，建筑企业与供应商签订战略合作协议，由供应商对建筑企业的承接项目物料进行直接供应，协议约定详细的供应方式以及货款支付方式。

项目部根据项目施工进度确定物料需求计划后直接报给供应商，供应通常分批进行，以减少现场的物料仓储成本，同时战略合作无须再反复招标，项目完结后，由企业按照协议约定方式对供应物料进行统一结算支付。与传统采购模式相比，具体进步体现在以下几个方面。

1）采购方式更趋多元化

根据企业经营状况、项目实际情况采取不同的采购方式，满足项目不同时期的不同需求，主要表现为集中采购与分散采购的协调发展。

2）重视供应商源头管理

延伸管理至上游供应商，开始重视除价格信息外的其他可能影响合作效果的因素，系统评价，物竞择优。

3）适配需求，降低库存

从适配需求降低供应链成本，探索与供应商的长久合作机制，响应更快，效益更优。

4）电子信息技术支撑日趋成熟

电子信息技术的成熟助力建筑供应链更加顺畅地流通运行，减少供需信息差，降低信息沟通成本，环节可追溯，效益可视化。

建筑供应链采购管理流程如图 3.3 所示。

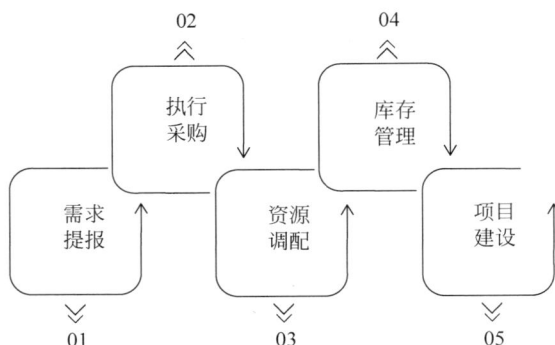

图 3.3　建筑供应链采购管理流程

3.2　S建筑企业供应链采购管理[①]

3.2.1　S 企业基本情况及采购特点

1. S 企业简介

S 企业是一家市属大型国有建设集团公司下属二级子公司，成立已将近 70 年，拥有悠久的历史和辉煌的业绩。S 企业目前在全国各地均承揽工程项目，主要涉及道路、桥梁、房建、城市轨道交通、城市综合管线、机电安装等几大业务板块。公司现有员工 1 500 余人，近 3 年平均年营业收入 50 亿元，占集团公司全部营业收入的 1/3 以上，在集团所有子公司中居排头位置。

随着市场不断开拓，企业营业收入稳步提高，但利润水平一直停滞不前。近 3 年企业的年均利润总额仅有 3 000 万元左右，仅仅与每年的管理费持平。高产值、低利润的问题限制着公司的发展。造成当前这种困境的很大原因是成本控制一直没有得到突破性的改善，公司亟须进行一场变革引领企业走出发展困境。S 企业的近况在我国大多数建筑企业中具有代表性，所遇到的问题亦是同类型企业所面临的困境。市场环境的严格引发采购成本的增加，对 S 企业的盈利产生了很大的影响。

---

① 本案例主要参考《S 建筑企业的采购管理问题研究》（2022，鲍宇）。

2. S 企业采购组织

1）S 企业采购管理组织机构

一般的采购组织的基本类型包括分散型、集中型和混合型。在供应链环境下，采购组织在现代企业经营管理中的地位也日益提高，采购工作的质量好坏不仅关系到企业产品的质量和成本，而且对企业整体规划的实现以及日常管理工作能否顺利进行都起着重要的作用，从而很大程度上影响企业的整体竞争力。

S 企业的采购组织机构按企业组织结构划分为两个层次：一是直接参与采购的主要人员及职能部门，有公司层级的总经理、资产物资部、市场经营部；二是项目层级的项目经理、项目工程部、项目物资部、项目经营部、项目质控部以及隶属于项目物资部与项目经营部的采购专员（图 3.4）。

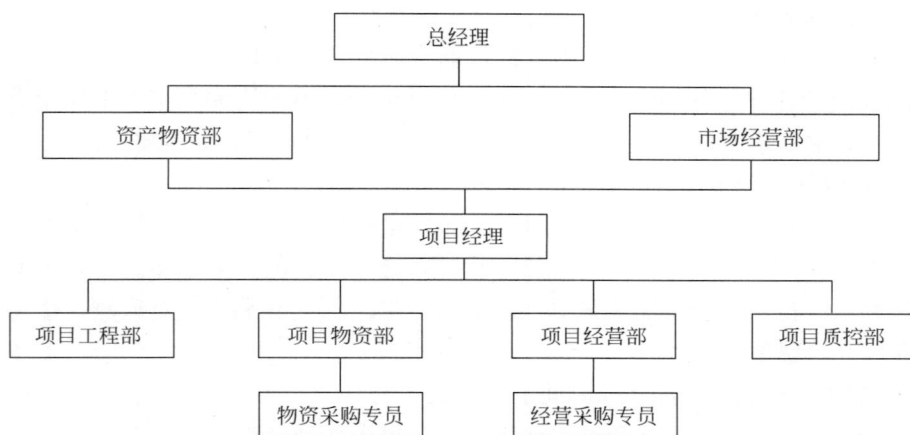

图 3.4　S 企业采购管理组织机构

2）S 企业采购职责划分

在采购与订立合同过程中，主要人员与职能部门的主要职责如下。

总经理：负责全部经济类合同的最终审核。

资产物资部：负责材料采购类合同、机械设备租赁类合同的招投标程序或比价程序的监督审核，合同价款合理性的审核，合同结算工作的监督，合同对方单位的专业资质的审核。

市场经营部：审核所有经济类经营性条款及相关合同价款的合理性，对分包类合同的对方单位专业资质进行审核，并监督工程分包合同和其他类合同的结算工作。此外，该部门还负责在其他部门审核通过全部经济类合同后，于存档前对合同及其附件进行验收核对。

项目经理：协调项目层级采购部门之间的统筹工作，审定采购计划，参与价格谈判，对采购价格及合同进行初步审核。

项目工程部：根据生产计划，编制材料、机械采购计划，编制劳务及专业分包需求计划。

项目物资部：根据项目工程部提供的物资、机械计划，制订采购计划并编制物资、机械相关的采购、租赁招标文件。负责施工过程中的材料入、出库管理，编制材料使用记录及机械进出场记录与台班使用记录，负责材料、机械设备使用签认，以及竣工后的结算工作。

项目经营部：根据工程图纸，计算材料总体用量，反馈给项目工程部。根据项目工程部提供的劳务、专业分包需求，编制招标文件，向公司申请招标。与劳务、专业分包单位进行过程中的议价与竣工后的结算。

项目质控部：在材料、机械招标准备时提供相关技术参数，材料进场后负责检验、试验。施工过程中，对分包作业进行全过程质量控制、形成质量控制数据。

3. S 企业采购的特点

S 企业是拥有深厚历史业绩的老牌建筑企业，其采购管理模式保持着传统、固化的风格，在目前建筑产业的众多企业中具有相当高的代表性。

1）采购作业流程上繁复

S 企业的业务流程涉及面广、涉及的厂商多，导致采购作业流程繁复。由于 S 企业的采购流程涉及各种业务部门、采购部门，所以实际采购的周期往往大于期望周期。各个部门往往集中采购大量的物资，导致使用后的剩余物料过多、成本增加。

2）采购物料种类多，且变量巨大

S 企业在施工过程中，需要的物料种类多，这些种类不仅涉及建筑的常见用料，还有临建场地以及厂区建设、已完工程维护用料，这些用料的种类繁多，而且可能随时都需要新的物料。虽然 S 企业事先规划用料时程，但用料变异颇大且难预测，也易出现缺料或库存过高等现象。

3）采购的供应商供货品质和时间不易掌握

S 企业现在对供应商没有合理的评价机制，每个新项目都开始重新梳理供应商。如果有新的供应商，无法短时间内建立相互信任的关系。采购不顺利又逢厂商供料品质稳定度不佳，以致部分材料采购过程不易掌握，无法承诺供料时间，加上有些用料部门经验不足或未据实估计，往往会先高估用料量，多备库存量以避免届时陷入施工材料不足的窘境。

3.2.2　S 企业供应链采购管理运行

1. S 企业采购分类

S 企业与现存大型施工企业一样，一直向着多元化的方向发展。公司承揽道路、桥梁、城市轨道交通、综合管线等市政基础设施，还有房建、工业厂房、机电设备安装等工程。

S 企业目前将采购分成分包采购、材料采购、机械租赁、其他类四大类。分包采购分成劳务分包与专业分包两类。劳务分包是施工企业将所承揽的工程的劳务作业分包给劳务分包企业，劳务人员在施工作业中的组织管理全部由施工企业负责。而专业分包是建筑总承包企业将非主体工程的专业工程交给具备相应资质的专业承包单位施作，总承包单位与专业承包单位对分包的专业工程承担连带责任。S 企业将分包类采购分成两部分，是为了适应建筑业市场准入制度与相应的法律规范，此分类亦是建筑企业分包类采购的常见分类。材料采购是占建筑工程采购资金比例最大的一部分，并且因承揽工程种类多，各类工程所需要的材料种类不一，除了建筑常用的钢筋、混凝土、沥青、砂石料等大宗材料，电缆、各种材质的管件、线材、砌块装饰材料更是种类繁多。这些特点确实对 S 企业的采购管理造成了很大困扰。目前，该企业将材料分为三类。①主要材料：包括钢材、混凝土、水泥、木材、砂石及无机料、地材、沥青、承压管材管件、橡胶制品、混凝土添加剂、防水材料、橡胶支座、伸缩缝、锚具等形成工程实体的材料。②其他材料：包括辅助材料、低值易耗材料、小型设备、机械配件等。③其他直接进入工程成本生产材料：包括模板、支撑性材料等。机械设备以租赁形式为主，主要为建筑施工使用的大型施工机械，企业自有设备的供应因涉及国有资产类审批，本研究不做深入分析。其他类包括技术服务类、办公用品、水电等能源以及安全防护用品等非工程实体类采购。

2. S 企业采购计划

S 企业采购计划分为需求总计划、年物资需求计划、物资进场计划通知单三种，如图 3.5 所示。

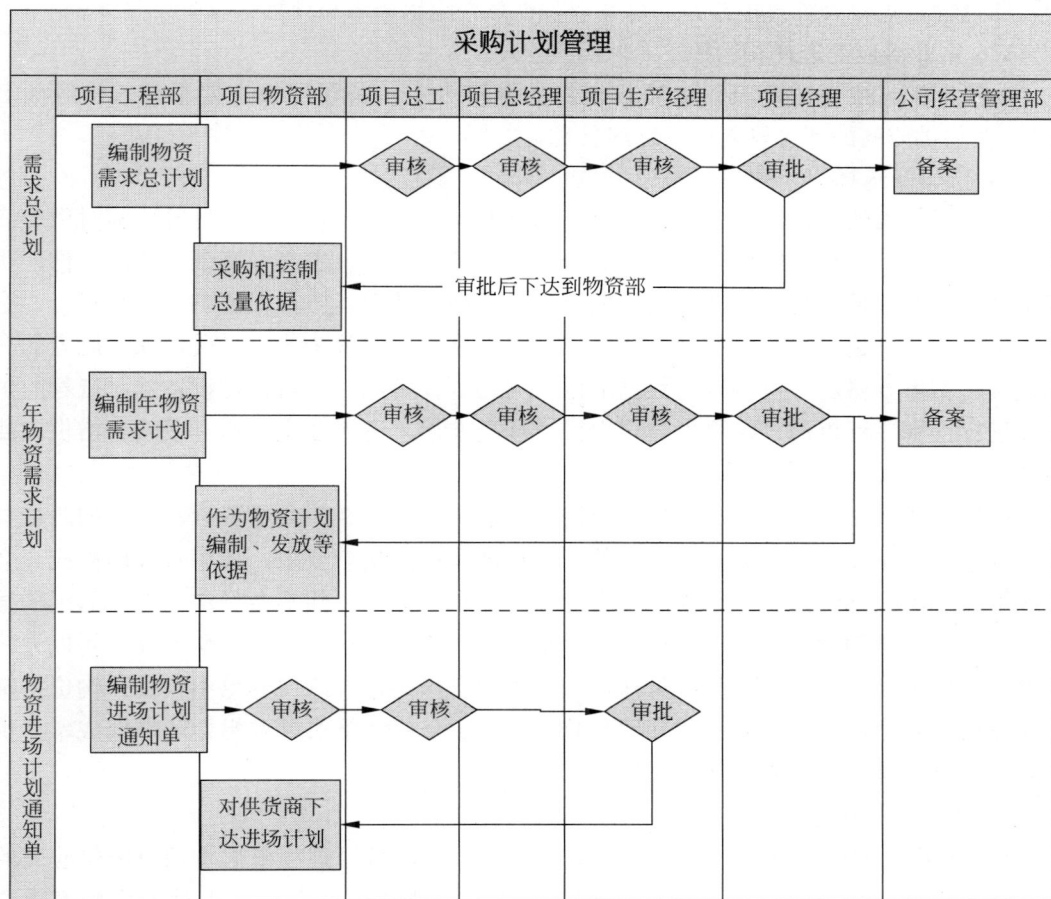

图 3.5　S 企业采购计划流程

项目经理部在接到施工图纸后编制工程主要材料总需求量计划。

需求总计划是年需求计划、限额领料的依据，由项目工程部在开工前，根据中标清单并参考施工图纸、施工组织设计及方案、总承包合同编制，对于某些施工图纸滞后的项目，要求在收到图纸后及时编制需求总计划，确保编制完成的需求总计划中类别、规格型号及数量能够全面满足施工要求。总计划经项目经理审批后下达给项目物资部门，以此作为项目采购和总量控制的依据。因工程量变化或变更、洽商等原因引起物资种类或使用量的变化，需要将新增、减少的物资种类及用量重新编制补充总计划，并以追加、核减的形式调整物资需求总计划。更新后的物资需求总计划报公司备案。

年物资需求计划由项目部技术部门按当年施工生产计划安排的工作量编制而成，经项目经理审批后递交项目部物资管理部门，作为采购计划的参考。每阶段由项目工程部根据施工进度安排，制订采购计划。施工计划有变动时要及时更新物资采购计划，经项目技术部门、项目经营部门审核，项目经理审批后，作为工程采购的依据。

由项目工程部根据施工进度安排，制定物资进场计划通知单，施工计划有变动时要重新上报进场计划通知单，经项目技术部、项目经营部、物资负责人审核，项目主管生产的副经理审批后作为物资最终进场的依据，转由项目物资部向物资供货商下达进场计划。项目物资负责人负责根据施工总计划审核是否超出需求总计划。

3. S企业供应商选择和管控

S企业在寻找供应商时，以项目层级的推荐为主，公司层级主要掌控《供应商名录》，并将供应商的评价权交由项目部负责。

1）供应商选择

项目经理部的项目物资部负责供应商的推荐，由项目经营部、项目质控部对供应商资质进行初审。审核内容包括供应商的企业法人营业执照、生产许可证、法人身份证明等生产经营合法性证据，以及资质证明文件、产品合格证、质量保证书、检验报告、企业质量管理体系建立状况、产品获奖证书、生产能力证明等企业生产质量保证能力的有关证据。初审合格后，再将有关数据上报公司物资设备部，公司物资设备部对推荐的供应商进行评审，评审通过，再由公司主管经理批准后，进入S企业的《采购合格供应商名录》。

通过上述审核的候选厂商会被要求提供产品样本，让S企业能测试其产品的质量与可靠度。若产品没问题且符合S企业的产品性能和产品质量要求，最后获选的供应商会进入签约阶段。合约内容虽然指出S企业订单需求与预测，却不会制定S企业的采购数量，因为S企业为预防市场快速反转的需求变动，让自己保留更多采购弹性，所以无法对供应商作出百分之百的采购数量保证。由于数量未定，合约内容也不包括采购价格制定，也没写明合约期限。如果供应商价格太高，S企业会要求对方想办法降低成本，供应商也会设法降低物料制造成本与管销费用。

2）供应商管控

S企业将供应商的评价全权下放给项目层级，各项目经理部根据本项目的供应商的供货、服务质量对其评判，于每年年底针对不符合本项目相关管理条件的供应商提交《供应商退出申请表》，经公司各部门审核后，将供应商退出《合格供方名册》，不发生业务往来的单位3年以上自动退出。

4. S企业采购流程及合同订立

因S企业承揽工程多为大型基础设施工程，为符合法律规定，在采购询价控制方面制定了相应的标准。计划采购金额 50 万元以上（含 50 万元）须通过招标方式确定供应单位。公司所属地项目采购招标由公司资产物资部负责组织实施；外埠工程由项目经理部物资部组织实施，但招标过程数据需报送至公司资产物资部进行审核备案，待审核通过后，项目经理部方可执行物资采购程序。采购招投标管理流程如图 3.6 所示。

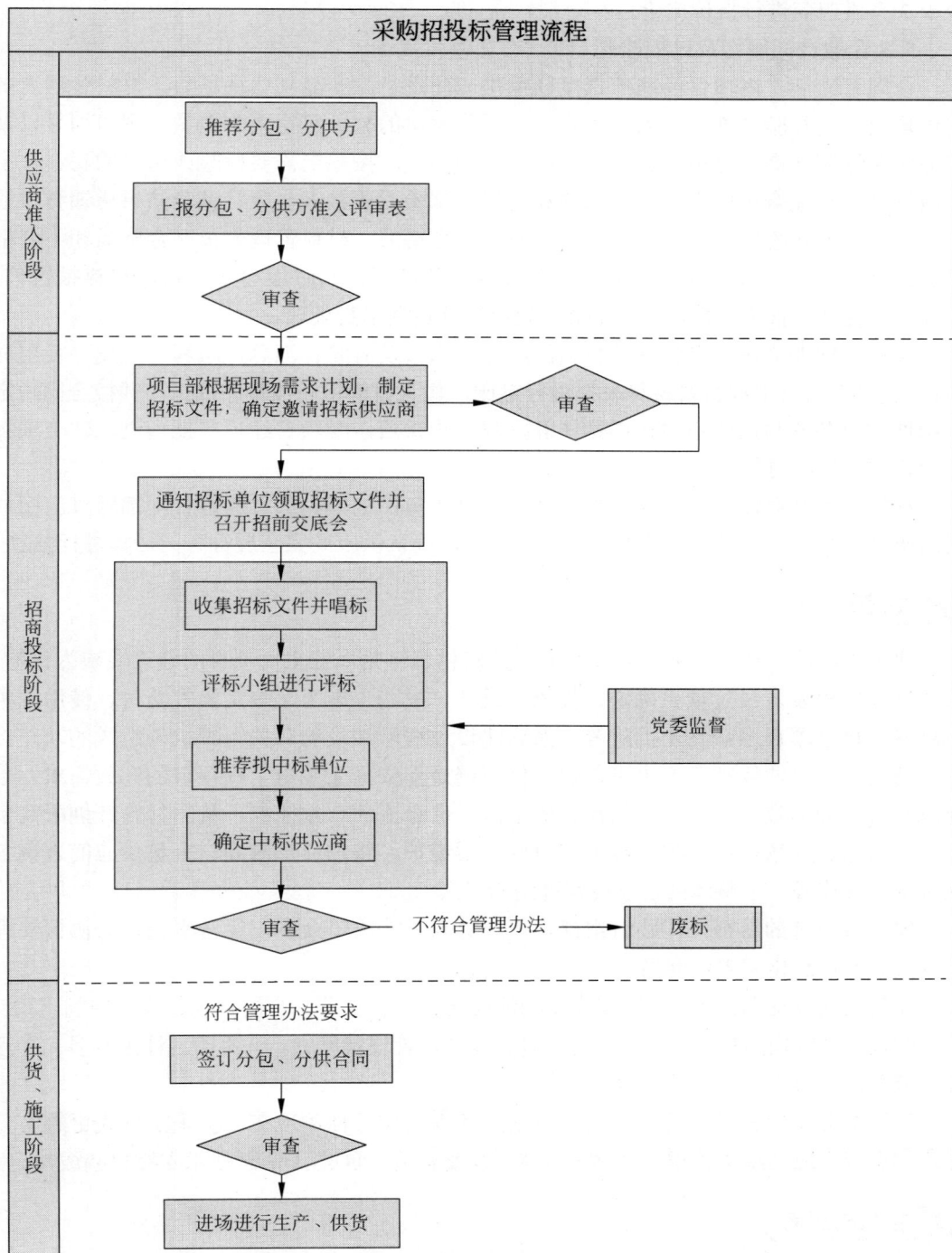

图 3.6　采购招投标管理流程

而批量较小、采购金额小于 50 万元（不含 50 万元）有特殊要求的材料或在特殊情况下，不适宜采用招标方式，必须坚持"货比三家"的原则，采用"三比一算"的方法，要比产品质量、比服务质量、比价格并进行成本核算，选出最适宜的供应商。采购部门填写各家供应商的《采购比价记录》，保留盖有供应商单位公章的询价记录，原则上不少于 3 家供应商进行报价比价。

5. S 企业合同履行及过程控制

合同订立后，由项目经理部直接联系供应商发货。产品到达现场后，材料管理人员对进场材料进行验证并填写入库验收单。采购材料的验证包括采购数量、规格型号以及产品质量证明（产品合格证、材质证明等）的验证。按规定需要检验或试验的材料，由材料管理人员配合试验人员完成取样和送样。试验后质检人员应将试验结果通知材料管理人员。原材料检验和试验完成后，如发现不合格品，材料管理人员对合格品和不合格品分别清点标识，并完成入库验收单全部内容的填写，同时填写不合格原材料报告单，经项目物资部主管审批后，不合格品交材料管理员做退货处理。

材料管理人员按月度将各种材料的实际使用量及时统计汇总，填写"月度'耗用材料报销表'"与"工程材料核算表"进行对比，作为材料中期核算的依据，并按合同约定的中期结算条款与供应商进行中期核算，双方确认后，经项目经理审批通过，转交项目经营合同部发起付款手续。

材料最终结算前，项目物资设备部、项目质量控制部、项目经营合同部对供应商材料的质量、数量、合同执行情况共同进行评价，确认供应商完全履行合同后再进行结算。

本章小结

建筑供应链：从项目建设角度来看，建筑供应链是以业主对项目的建设要求为目标，从项目需求出发，经过项目确定、投资、设计、采购、施工、竣工验收交付、使用维护等阶段，直至项目寿命终止拆除等一系列建设过程所涉及的有关组织机构组成的功能性网链结构。从企业管理角度来讲，建筑供应链是指依据业主对工程项目的有效需求，以建筑施工企业为核心，通过对物流、资金流、信息流的有效控制，从原材料计划采购到运输、仓储、现场使用、项目竣工交付到售后维护，将物料供应商、分包供应商、设备租赁企业等连成一个整体的功能性网链结构模式。

建筑供应链的特征：①临时组建，产业链长。②成员众多，运营复杂。③协调管理难度大。④信息化需求程度高。

建筑采购管理的内容：需求计划、物流配送、库存管理、合同管理、成本控制。

建筑采购管理的特点：①材料种类多且复杂，管理难度大。②不确定性因素多。③涉及环节多，内容广。

建筑企业供应链采购管理相较建筑采购管理的先进性体现在：①采购方式更趋多元化。②重视供应商源头管理。③适配需求，降低库存。④电子信息技术支撑日趋成熟。

复习与思考

1. 什么是建筑供应链？

2. 建筑供应链的基本特征是什么？

3. 和传统的建筑采购行为相比，供应链管理环境下建筑采购管理有何特征？

即测即练

第 4 章　建筑企业供应链库存管理实践

本章关键词

　　库存（inventory）　　　供应商管理库存（vendor managed inventory）

　　供应链管理环境下的库存控制问题是供应链管理的重要内容之一。企业要有效地缓解供需矛盾，尽可能均匀地保持生产，必须持有一定的库存，但由于库存的过量积压，许多企业无法及时获得资金回流，因而走向倒闭。如何有效地进行库存管理成为几乎所有企业关注的焦点，企业必须尽力将库存保持在合理的范围内，从而提高其经营管理水平和快速响应能力。本章聚焦建筑供应链，探索 B 建筑企业供应链的库存管理及运行特征。

4.1　供应链库存管理的基本原理

4.1.1　库存的基本概念

　　"库存"译自英语里面的"inventory"，表示用于将来目的的资源暂时处于闲置状态。一般情况下，人们设置库存的目的是防止短缺，就像水库里储存的水一样。另外，它还具有保持生产过程连续性、分摊订货费用、快速满足用户订货需求的作用。在企业生产中，尽管库存是出于种种经济考虑而存在，但库存也是一种无奈的结果。它是由于人们无法预测未来的需求变化，才不得已采用的应对外界变化的手段。

　　在库存理论中，一般根据物品需求的重复程度分为单周期需求问题和多周期需求问题。单周期需求也称一次性订货问题，这种需求具有偶发性且物品生命周期短的特征，因而很少重复订货，如报纸，没有人会买过期的报纸来看；如月饼，人们也不会在农历八月十六预订中秋月饼，这些都是单周期需求问题。多周期需求问题是在长时间内需求反复发生，库存需要不断补充，在实际生活中，这种需求现象较为多见。

　　多周期需求又分为独立需求与相关需求两种属性。所谓独立需求是需求变化独立于人们的主观控制能力之外，因而其数量与出现的概率是随机的、不确定的、模糊的。相关需求的需求数量和需求时间与其他的变量存在一定的相互关系，可以通过一定的结构关系推算得出。对于一个相对独立的企业而言，其产品是独立的需求变量，因为其需求数量与需求时间对于系统控制主体——企业管理者而言，一般是无法预先精确确定的，只能通过一定的预测方法得出。而生产过程中的在制品以及需要的原材料，则可以通过产品的结构关系和一定的生产比例关系准确确定。

独立需求的库存控制与相关需求的库存控制原理是不相同的。独立需求对一定的库存控制系统来说，是一种外生变量（exogenous variable），相关需求则是控制系统的内生变量（endogenous variable）。不管是独立需求库存控制还是相关需求库存控制，都要回答这些问题：①如何优化库存成本？②怎样平衡生产与销售计划来满足一定的交货要求？③怎样避免浪费和不必要的库存？④怎样避免缺货损失和利润损失？

归根到底，库存控制要解决三个主要问题：①确定库存检查周期；②确定订货量；③确定订货点（何时订货）。

4.1.2 基本库存控制方法

1.库存补给策略

由于独立需求库存控制采用的多为订货点控制策略，因此本书首先介绍几种常见的库存补给策略。

订货点库存管理的策略很多，最基本的策略有四种：①连续性检查的固定订货量、固定订货点策略，即（Q, R）策略；②连续性检查的固定订货点、最大库存策略，即（R, S）策略；③周期性检查策略，即（t, S）策略；④综合库存策略，即（t, R, S）策略。

在这四种基本的库存策略基础上，又延伸出很多种库存策略，本书重点介绍四种基本的库存策略。

1）（Q, R）策略

该策略的基本思想是：对库存进行连续性检查，当库存降低到订货点水平 R 时，即发出一个订货，每次的订货量保持不变，都为固定值 Q，如图 4.1 所示。该策略适用于需求量大、缺货费用较高、需求波动性很大的情形。

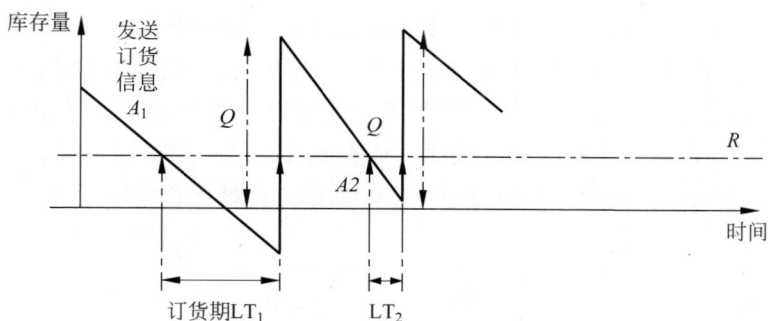

图 4.1 （Q, R）策略

2）（R, S）策略

该策略和（Q, R）策略一样，都是连续性检查类型的策略，也就是要随时检查库存状态。当发现库存降低到订货点水平 R 时，开始订货，订货后使最大库存保持不变，即为常量 S，若发出订单时库存量为 I，则其订货量即为（$S-I$）。该策略和（Q, R）策略的不同之处在于其订货量是按实际库存而定，因而订货量是可变的。

3）（t, S）策略

如图 4.2 所示，该策略是每隔一定时期检查一次库存，并发出一次订货，把现有的库存补充到最大库存水平 S，如果检查时库存量为 I，则订货量为（$S-I$）。经过固定的检查期 t 发出订货，这时，库存量为 I_1，订货量为（$S-I_1$）。经过一定的时间 LT，库存补充（$S-I_1$），库存到达 A 点。再经过一个固定的检查时期 t 又发出一次订货，订货量为（$S-I_2$），经过一定时间（LT——订货提前期，可以为随机变量），库存到达新的高度 B。如此周期性检查库存，不断补给。

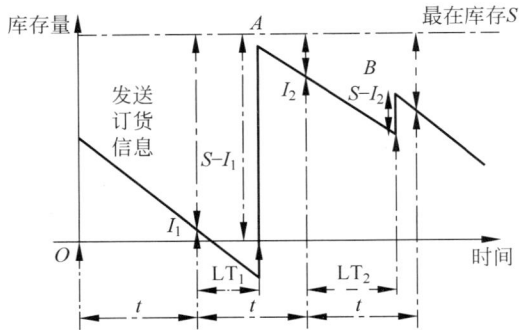

图 4.2 （t，S）策略

该策略不设订货点，只设固定检查周期和最大库存量。该策略适用于一些不很重要的或使用量不大的物资。

4）（t，R，S）策略

该策略是（t，S）策略和（R，S）策略的综合。

如图 4.3 所示，这种补给策略有一个固定的检查周期 t、最大库存量 S、固定订货水平 R。当经过一定的检查周期 t 后，若库存低于订货点，则发出订货；否则，不订货。订货量的大小等于最大库存量减去检查时的库存量。如图 4.3 所示，当经过固定的检查时期到达 A 点时，库存已降低到订货点水平线 R 之下，因而应发出一次订货，订货量等于最大库存量 S 与当时的库存量 I_1 的差（$S-I_1$）。经过一定的订货提前期后在 B 点订货到达，库存补充到 C 点，在第二个检查期到来时，库存位置在 D 点，比订货点水平位置线高，无须订货。在第三个检查期到来时，库存点在 E 点，等于订货点，又发出一次订货，订货量为（$S-I_3$），如此周期地进行下去，实现周期性库存补给。

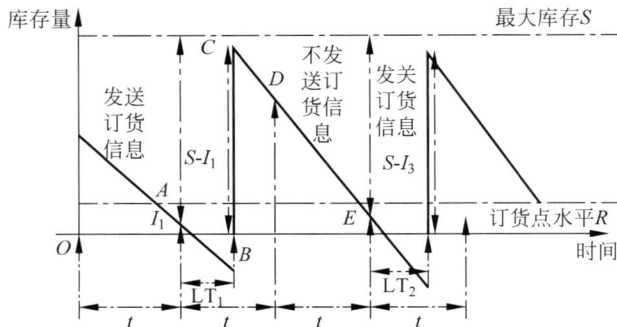

图 4.3 （t，R，S）策略

2. 常见的独立需求库存控制模型

常见的独立需求库存控制模型根据其主要的参数，如需求量与提前期是否确定，分

为确定型库存模型和随机型库存模型。

1）确定型库存模型

（1）周期型检查模型。此类模型有六种，分不允许缺货、允许缺货、实行补货三种情况。每种情况又分瞬时到货、延时到货两种情形。

最常用的模型是不允许缺货、瞬时到货型。

其最佳订货周期为

$$T^* = \sqrt{\frac{2C_R}{HD}}$$

式中，C_R 为每次订货的费用，元；H 为单位产品库存维持费，元 /（件·年）；D 为需求率（年需求量），（件 / 年）。

最大库存量：$S = T^*D$

（2）连续型检查模型。连续型检查模型需要确定订货点和订货量两个参数，也就是解决（Q，R）策略的两个参数的设定问题。

连续型检查模型有六种：不允许缺货、瞬时到货型；不允许缺货、持时到货型；允许缺货、瞬时到货型；允许缺货、持时到货型；补货、瞬时到货型；补货、持时到货型。

最常见的连续型检查模型是不允许缺货、瞬时到货型。最经典的经济订货批量模型（EOQ）就是这种。

最佳订货批量：

$$Q^* = \sqrt{\frac{2DC_R}{H}}$$

订货点：$R = LT^*D$

式中，C_R 为每次订货的费用，元；H 为单位库存维持费，元 /（件·年）；D 为需求率（年需求量），（件 / 年）；LT^* 为订货提前期。

2）随机型库存模型

随机型库存模型要解决的问题是：确定经济订货批量或经济订货期；确定安全库存量；确定订货点和订货后最大库存量。

随机型库存模型也分连续型检查和周期型检查两种情形。当需求量、提前期同时为随机变量时，库存模型较为复杂。

4.1.3　供应商管理库存

一条完整的供应链由众多的企业构成，包括供应商、生产商、批发商、零售商等，每家企业都有自己相对独立的库存控制策略。由于各自的库存控制策略不同，因此不可避免地会产生需求信息的扭曲现象，从而导致企业及整条供应链库存成本的上升，这种库存管理模式显然不是最优的。供应商管理库存（vendor managed inventory，VMI）打破了传统的各自为政的库存管理模式，通过集成化和同步化的供应链管理思想，将供应链成本降到最低，是目前很有代表性的库存管理思想。

1. VMI 的定义及其形式

采用 VMI 这种技术可以降低上下游的库存、商品的缺货率和运作成本，同时提高供应链各节点企业对市场变化的反应速度，更好地满足消费者的需求。对供应商来讲，可以提高市场预测准确率，更好地安排生产、分销和采购计划。对零售商来讲，可以集中精力为顾客服务，而且由于是供应商为其下订单，有可能在供应商商品短缺的情况下，其需求优先得到满足。

关于 VMI 的定义，有学者认为："VMI 是一种在用户和供应商之间的合作性策略，以对双方来说都是最低成本优化产业的可获性，在一个相互同意的目标框架下由供应商管理库存，这样的目标框架被经常性监督和修正，以产生一种连续改进的环境。"

关于 VMI 的定义，归纳起来该策略的关键措施主要体现在如下几个原则中。

（1）合作性原则（合作精神）。在实施该策略时，相互信任与信息透明是很重要的，供应商和用户（零售商）要有较好的合作精神，才能够保持较好的合作。

（2）互惠原则（使双方成本最小）。VMI 不是关于成本如何分配或谁来支付的问题，而是关于减少成本的问题。通过该策略，双方的成本都得以减少。

（3）目标一致性原则（框架协议）。双方都明白各自的责任，观念上达成一致的目标，如库存放在哪里、什么时候支付、是否要管理费、要花费多少等问题都会得到解答，并且体现在框架协议中。

（4）连续改进原则。供需双方能共享利益和消除浪费。

供应商管理库存概括起来主要有以下四种形式。

（1）供应商提供包括所有产品的软件进行库存决策，用户使用软件执行存货决策，用户拥有存货所有权管理存货。在这种方式下，供应商对库存的管理和控制力有限，所以供应商受到用户的制约比较多一些，实质上不是完全意义上的供应商管理库存。

（2）供应商在用户的所在地，代表用户执行存货决策、管理库存，但是存货的所有权归用户。信息技术不是很发达的时候，供应商在用户地直接管理存货，同时供应商也可以了解到充分的存货信息，但是存货的所有权不属于供应商，所以供应商在进行存货决策时投入程度有限。

（3）供应商在用户的所在地，代表用户执行决策管理存货，拥有存货所有权。在这样的方式下，供应商几乎承担了所有责任，它们的活动也很少受到用户的监督或干涉，是一种完整意义上的供应商管理库存方式。供应商可以十分清楚地了解自己产品的销售情况，也可以直接参与销售。

（4）供应商不在用户的所在地，但是定期派人代表用户执行库存决策、管理存货，供应商拥有库存的所有权。供应商拥有所有权的情况下，在用户地或是分销售中心保存库存，以求根据需要及时、快速地补充库存，库存的水平由供应商决定。

2. VMI 策略的实施步骤

实施 VMI 策略要改变订单的处理方式，建立基于标准的托付订单处理模式。首先，供应商和批发商一起确定供应商的订单业务处理过程所需要的信息和库存控制参数；然后建立一种订单的处理标准模式，如 EDI（电子数据交换）标准报文；最后把订货、交货和票据处理各个业务功能集成在供应商一边。

库存状态透明性是实施供应商管理库存的关键。供应商能够随时跟踪和检查到销售商的库存状态，从而快速地响应市场的需求变化，对本企业的生产（供应）状态作出相应的调整。为此需要建立一种能够使供应商和用户（分销商、批发商）的库存信息系统透明连接的方法。

供应商管理库存的策略可以通过如下几个步骤实施。

（1）建立顾客情报信息系统。供应商要有效地管理销售库存，必须能够获得顾客的有关信息。通过建立顾客的信息库，供应商能够掌握需求变化的有关情况，把由批发商（分销商）进行的需求预测与分析功能集成到供应商的系统中来。

（2）建立销售网络管理系统。供应商要很好地管理库存，必须建立起完善的销售网络管理系统，保证自己的产品需求信息和物流畅通。为此，必须保证自己产品条码的可读性和唯一性，解决产品分类、编码的标准化问题，解决商品存储和运输过程中的识别问题。目前已有许多企业开始采用 MRP Ⅱ 或 ERP，这些软件系统都集成了销售管理的功能。通过对这些功能的扩展，可以建立完善的销售网络管理系统。

（3）建立供应商和分销商（批发商）的合作协议。供应商和销售商（批发商）通过协商，确定处理订单的业务流程以及库存控制的有关参数（再订货点、最低库存水平等）、库存信息的传递方式（如 EDI 或互联网），建立订单处理的标准模式（如 EDI 标准报文），将订货、交货以及票据处理等业务功能集成在供应商一边。

（4）组织机构的变革。这一点也很重要，因为 VMI 策略改变了供应商的组织模式。过去一般由会计经理处理与用户有关的事情，引入 VMI 策略后，在订货部门产生了一个新的职能负责用户库存的控制、库存补给和服务水平。

一般来说，在以下的情况下适合实施 VMI 策略：零售商或批发商没有 IT（信息技术）系统或基础设施来有效管理它们的库存；制造商实力雄厚并且比零售商市场信息量大；有较高的直接存储交货水平，因而制造商能够有效规划运输。

3. 支持 VMI 的管理信息系统

1）系统集成

VMI 系统包括客户自动补货系统和电子数据交换系统。客户自动补货系统安装在供应商（或中间服务商）一端，中间以 EDI 与零售商相连，交换单品销售数量、库存数据和订单等信息。其具体业务流程是：零售商把当天结业的单品销售量和库存数据用 EDI 发送给供应商；供应商通过客户自动补货系统产生订单，可发给零售商确认，或零售商根据自己的促销等修改订货数量；供应商处理订单和发货；零售商收货和付款。VMI 系统的集成结构如图 4.4 所示。

客户自动补货系统包括客户订单自动产生（以补货预测公式为基础）、人工修正（考虑促销、新品等因素）和订单的整合（最小订单量、经济批量、满载等）。

客户订货预测一般使用库存控制目标（ICO）模型，考虑到不同零售商客户对预测的各种影响参数，如订单间隔、到货天数、平均销售量、安全库存等，然后建立合理的订单。此外，客户自动补货系统还包括零售商商品代码、订单格式的自动转化等功能。

VMI 系统的一些具体的目的在于：为零售商的客户购买供应商的产品提供最好的机会；帮助零售商更有效地管理它们的库存；帮助供应商制订生产计划。

2）电子数据交换与电子收款机系统

VMI 的实现需要强大的技术支持。通过电子数据交换将销售点信息和配送信息分别

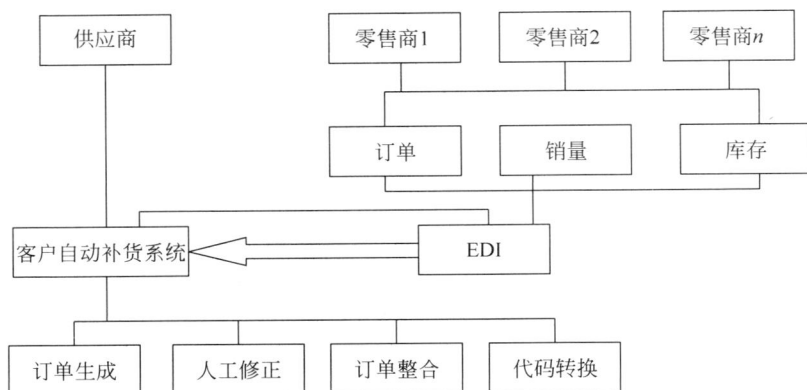

图 4.4　VMI 系统的集成结构

传递给供应商与零售商，对减少数据传送时间和登录错误是必不可少的。EDI 将商贸业务中贸易、金融、海关和保险等相关业务信息，用国际公认的标准形式，通过计算机网络，按照协议在贸易合作者的计算机之间快速传递，完成业务过程。对于 EDI 来说，通信标准和信息标准是非常重要的。通信标准和信息标准是电子数据交换最本质的东西。通信标准用于明确技术特性，使计算机硬件能够正确、及时地交换。通信标准确定字符设置、传输优先权和速度。信息标准规定传输文件的结构和内容，特别是明确文件的类型以及一份文件被传输时的数据顺序。为此，行业组织开发和提炼了两种一般标准，以及许多行业的具体标准，努力使通信传输和信息交换标准化。

虽然各种应用正在向普通标准转移，但是依然存在有关终极目标的冲突。尽管一个单一的普通标准在任何行业和任何国家都有助于商业伙伴之间的信息交换，但是任何厂商都认为只有拥有专有的 EDI 能力才能取得其战略优势。专有的 EDI 能力能使厂商提供客户定制化的交易，高效率地满足信息需求。虽然标准的 EDI 交易设置的基本优点是低成本和高度灵活性，但却存在如下缺点。标准的交易设置必须调节到能满足所有类型的用户需要，而使其变得更加复杂。由于不同的用户需要用不同的特点交易，而标准的交易设置必须全部予以适应，因此导致了复杂性。例如，食品杂货行业需要 5 位数的 CPU（中央处理器），供电业却需要 20 位数的品目编码，而标准化的物流 EDI 对两者都必须适应。

很多厂商通过使用增值网（value-added network，VAN）来解决这种进退两难的窘境。增值网是发送和接收系统之间的共同界面，它是通过交易管理、翻译通信标准和减少通信连接数目来实现增值的。交易管理包括向供应商、承运人或顾客的用户电话机传播信息，并用不同的通信标准接收来自顾客的信息。

利用条形码和扫描来确保数据的准确性也是十分必要的，同时电子收款机系统（point of sales，POS）的应用是必不可少的。POS 是基于计算机网络的商业企业管理信息系统，将柜台上用于收款结算的商业收款机与计算机系统连成网络，对商品交易提供实时的综合信息管理和服务。商业收款机本身是一种专用计算机，具有商品信息存储、商品交易处理和销售单据打印等功能，既可以单独在商业销售点上使用，也可以作为网络工作站在网络上运行。POS 将商业场所的所有收款机与商场的信息系统主机互联，实现对商场的进、销、存业务的全面管理，并可以与银行的业务网通信，支持客户用信用卡直接结算。POS 不仅能够使商场的进、销、存业务管理系统化，提高服务质量和管理水平，而且能够与整个企业的其他各项业务管理相结合，为企业的全面、综合管理提供信息基础，并对经营和分析决策提供支持。此外，库存、产品控制和计划系统都必须是在线的、准确的，并结合起来利用有效的附带信息。

3）软件支持

IT 的应用催生了一系列新型库存管理方法，包括物料需求计划、制造资源计划（MRPⅡ）、企业资源计划等。对于供应商管理库存有专门的 VMI 软件，它们能够指明现在、未来某时材料、零部件、产成品的库存水平，体现了良好的基于顾客细分化、产品要求、运输一体化、时间要求以及竞争表现的存货管理政策。对于 VMI 方式，IT 通过以下流程解决库存管理问题：从供应商那里接收发运通知；接收物料，放到"特殊库存"的寄售仓库；从供应商仓库将物料发给生产订单或维护订单；从供应商库存转储为普通的公司库存；物料发出时供应商自动发票处理过程开始；与相关模块集成。

VMI 的管理理念正是通过相应的管理软件来实施的，如宝洁公司就采用了KARS＋EDI。应用 VMI 相关软件相对于传统人工管理模式的好处有：数据收集功能增加；由于有了较为准确的数据资料，对于销售和订单的预测作用加强了；产生订单即时、迅速；对于订单的履行有很好的控制作用。

4.2　B建筑公司供应链库存管理运行①

4.2.1　B 公司基本情况及库存管理现状

1. B 公司简介

B 公司的供应商主要分为三类：第一类是 B 公司登记入册的外部合格供应商。此类供应商中的多数参与过国家或铁路建设重点工程，其生产制造技术先进，采购供应运作的方式和经验成熟，且新工艺、新材料的生产制造企业经过国家铁路局的实地考察，通常情况下其规模较大、设备工艺水平和质量控制技术较高、管理方式先进，故认为此类供货商通常可提供质量优良、价格合理的产品，有较强的服务意识和售后服务措施。第二类是 B 公司所属集团系统内部的代理商。其依托于物资集中采购平台与区域集采中心，经营集采代理、物流贸易和加工制造等业务。第三类是除上述两类以外的其他供应商。项目零星料、周转材料采购的选择主要来源于此类供应商。

B 公司供应商管理方面侧重于合格供应商的管理，以施工过程中的五个专业——通信、信号、电力、变电、接触网来分别建立合同供应商名录，列明某种物资对应的合格供应商的详细信息及准入产品范围，日常管理中及时更新，为项目物资采购提供信息。B 公司对合格供应商的准入条件有着严格的标准，并通过跟踪考核产品质量和售后服务等措施对供应商进行以"动态考核、优胜劣汰"为主要理念的管理，采用不定期抽查和

---

① 本案例主要参考《建筑企业供应商管理库存研究》（2019，刁红玲）。

年审两种方式及时收集合同执行过程中的价格、质量、交货、售后服务等方面信息。根据考核结果及反映的情况，对于不符合合同约定的，若情节较轻，给予书面警告、限期整改的处理，若情节严重，造成了严重的不良事件，可直接取消代理商资格。

表 4.1 是对 B 公司 2018 年合格供应商情况的统计。

表 4.1　对 B 公司 2018 年合格供应商情况的统计　　　　　　　　家

专业类别	供应商数目	省外厂商数	省内厂商数
通信	220	219	1
信号	68	66	2
电力	133	132	1
变电	66	66	0
接触网	86	85	1

从表 4.1 中可以看出，B 公司合格供应商主要为省外供应商，供应商分散，而同一供应商可能为多个项目部提供货物，在现在的管理模式下，当某个供应商同时响应多个项目时，其对项目需求的响应速度不能得到合理保障。

2. B 公司库存管理现状

库存管理不仅是对仓储的物资进行出入库管理和日常盘点，它还是一种经营策略，协助企业对物资进行控制和管理。在库存管理方式上，目前 B 公司主要是采用物料需求计划法（MRP），根据工程项目的合同、概算，工程施工进度和物资需用情况安排物资采购和库存量，必要时会结合 ABC 分类库存控制法区别物料的数量和价值进行针对性的管理，来对库存和采购进行调节。

B 公司作为建筑企业，在施工过程中一些需用的物资材料和设备在合同签订时会予以明确。同时在施工过程中，物资设备的采购与施工计划紧密相连，根据每一阶段的施工安排来计算出这一阶段需要使用的物资材料量，按照职责分工编报物资需用，根据现有的库存量实施采购计划，通过定期分析物资需用和查看采购计划执行情况对物资实行动态管理。除了物料需求计划法，部分项目同时采用 ABC 分类对物资进行分类管理。根据所有库存物资的数量和价值，将库存物资划分为三类：A 类产品的特点是数量少、价值高，采取的管理方式是重点监控，少量多次按需采买，如钢材、水泥、铁路线上料及其构件。C 类产品数量大、单价低，数量占比较大，但价值占比小，如项目消耗快速的零星物料，可以采用集中采购的方式来获得产品的价格优势。B 类产品价值数量方面都比较居中，如地材、焊接材料、砼外加剂、铸钢件、防水材料、橡胶支座和火工品等，这类物资要以一定的周期进行盘点和检查。

工程项目的采购模式通常形成了一种"设计—招标—建造"的模式，业主选取设计单位，设计单位根据业主的需求在合同立项后对工程进行设计。在设计阶段准备招标文件，选取合适的建筑承包商来承揽工程。业主与建筑承包商签订项目施工合同后，承包商进一步选取分包商和供应商订立合同，进行工程施工。在传统的工程项目采购模式下，由于信息的不对称，业主的需求不断变化，建筑承包商的采购通常缺乏整体规划，只能涵盖采购物资总量和大致的采购时间节点，使得工程采购过程矛盾凸显。

B 公司作为典型的铁路工程项目企业，在现有的工程项目采购模式下，以项目为单位，运用 MRP 和 ABC 分类法进行库存管理，虽然一定程度上解决了建筑材料品种多、数量大、难管理的问题，同时也不可避免地暴露出一些物资管理弊端。为了全面了解 B 公司库存管理现状，采用问卷调查的方式进行物资管理情况摸底。B 公司现阶段发生经常性业务的在建项目有 35 个，对这 35 个在建项目进行问卷投放，回收问卷 33 份，回收率约 94%。本次问卷调查涉及供应商关系、现场物资管理、仓库管理、物资总体管理评价、管理缺陷分析等多方面的问题，确保真实、全面地反映 B 公司库存管理问题。

以下对调查结果的关键数据进行分析。

（1）在库存管理的重视程度问题上，收集各项目部的意见，汇总结果如图 4.5 所示。

在 33 份调查问卷中，有 18 份认为项目对库存管理非常重视，有 9 份认为项目对库存管理比较重视，有 6 份认为项目对库存管理重视程度一般，即从调查结果来看，现有的在建项目中有 82% 的项目对物资管理予以了关注和重视。

（2）在现阶段物资管理软件应用方面，有 24 个项目表示，目前使用的久其综合信息共享平台可以基本满足物资管理数据的记录、计

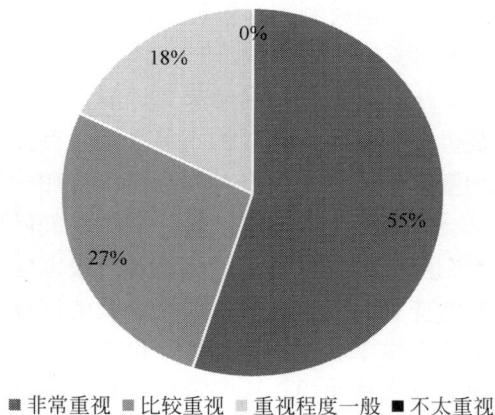

图 4.5　B 公司库存管理的重视程度

算、汇总、分析等工作，有 6 个项目表示该线上软件不太能满足日常物资管理需求，而有 3 个项目表示现阶段物资管理线上软件的应用可以完全满足物资管理的需求。所以从数据上看，大多数项目部对物资管理软件的应用需要得到了满足，B 公司在物资信息管理系统建设方面具有一定的基础。

（3）调查问卷在供应商关系和供货能力上设计了三个问题，包括：供应商供货的及时性，供应商与项目部的关系状况，长期合作供应商占比。在供货及时性方面，33 份调查问卷中，有 61% 的项目表示供应商供货不及时的现象偶尔会发生，有 18% 的项目表示不存在供货不及时的现象，有 15% 的项目表示供应商供货不及时的现象经常发生，6% 的项目表示供货基本不存在推迟现象；对于供应商与项目部关系状况，评价良好及以上的项目占比 73%，27% 的项目认为关系一般或有待加强；而在长期合作供应商的调查统计上，33 份调查问卷中，三年以上合作供应商占比 20%～40% 的有 16 份，占比 40%～60% 的有 7 份。从以上数据可以看出，B 公司具有良好的供应商关系，长期合作的供应商基本在 20% 以上，但是在现在的管理方式下，供应商供货的及时性不能得到完全满足，给项目施工管理带来不利影响。

（4）在项目部的现场物资管理、项目采购制度执行情况、现场物资存储合理程度这三个方面，B 公司项目实行状态较好。有 21 个项目设置了与工程规模相适应的料库（棚、场），满足物资合理储备和施工生产作业需要，配备必要的消防器材、搬运器具及安全防盗等设施；认为采购制度非常健全、采购流程非常明确，项目所有采购业务均能按照制度要求来执行；20 个项目现场物资存储科学合理，物资按品种、规格型号分区、分批、

分类堆码、标识，做好了防盗、防火、防雨、防潮、防锈蚀等工作，物资保存完好。

（5）通过调查统计分析，发现项目物资管理上存在着共同的薄弱环节。有 13 个项目认为公司各职能系统配合不够协调，15 个项目认为需求预测不准确，实际采购量与需求预测量差异较大是公司现阶段库存管理工作最大的缺陷，而差异大的主要原因是由于业主的临时需求、设计变更，物资采购计划编制误差。

（6）项目物资人员对库存管理方法的认识较落后。33 份调查问卷中，分别有 33 份和 30 份问卷表示，自己对物料需求计划法和 ABC 分类法有一定的认识，占比 90% 以上，而对准时制库存管理、联合库存管理、供应商管理库存的模式，只有 2～3 份的问卷表示对其有一定认识。

从汇总调查问卷结果可以看出，B 公司在物资管理方面虽然有较高的重视程度，但是也存在着较为明显的不足之处。首先，在物料需求计划法下，项目根据工程计划进行物资设备采购，项目对物资需求量在一定时期内并不明确，供货的时间以及材料品种数量会因为业主的需求、设计变更、气候环境对工期的影响而改变。这种不确定性可能会使企业采购完货物后因无法及时投入生产而形成库存、呆货，也可能会因为产品规格型号的变更而发生退货，增大企业的库存成本。其次，供应商供货的准确性、及时性和物资的合格率具有不确定性。供应商供货的准时性、平均延迟时间和产品质量标准是可以记录形成规律的，这些数据是企业评价供应商的能力、得出安全库存量的依据。而 B 公司现有的库存管理模式，并未对相关信息做到规律分析，应用于决策。再次，B 公司现有的采购模式下，根据业主的要求和工程施工计划，每月物资管理部门核定物资采购总量和采购供应计划。但由于预算的方法和体系不完善，预算计划的编制并不能真正意义地达到以预算为采购依据，将预算环节与采购环节高匹配，最终导致偏差较大。最后，不同物资人员的操作也存在一定的主观性，使得预算环节对后续采购的提前指导意义不强，甚至出现为了编制预算表而编制预算表的情况。

4.2.2　B 公司实施 VMI 的可行性与必然性

作为一个建筑企业，物资成本占整个 B 公司工程成本的比例高达 60%～70%，物资管理是 B 公司施工管理中非常重要的一个环节，同时也是供应链管理的关键环节。基于现阶段 B 公司传统库存管理方法存在的弊端，为了进一步优化物资管理、降低工程成本，就必须对原有的库存管理模式进行改革。通过供应链管理思想下的库存管理，供应链上的各成员企业可以协同合作，做到风险共担、利益共享，以战略合作伙伴的角色共同参与供应链的管理。所以 B 公司引入供应商管理库存策略。针对企业不同物料的特点，选择合理、有效的采购和库存方式，以降低库存成本，使供应链整体效益得到进一步的提高。

1. B 公司实施 VMI 的可行性

B 公司提出实施 VMI 策略有两个基本前提：第一，作为一家大型建筑企业，在主材的采购上，多选取的是与企业建立长期合作关系的大型供应商，供应商在全国范围的业务可以有效地避免建筑企业流动性对于 VMI 实施的影响。可以在 B 公司的优质供应商名录中，选择符合实施条件、具有强烈合作意愿的供应商。第二，VMI 的实施对于企业的信息管理系统具有一定的要求，而 B 公司现阶段已具备成熟的物资信息管理系统，依托于股份公司，在软件的开发与应用上有一定的自主权利。所以，改进 B 公司的物资信息管理系统，或者在现有的系统里增加 VMI 模式的板块，可以为 VMI 的实施提供有效的技术管理手段。

1）良好的供应商关系

从企业现有的供应商环境来看，B 公司在长久的经营活动中积累了一批具有良好合作关系的优质供应商，通过对供应商动态监督管理，可以驱动供应商在供应链环节积极配合 B 公司的采购需求，对 B 公司的库存管理提供决策支持。两者可以实现相互信任、信息共享。B 公司向供应商及时传递企业的物料需求计划，供应商根据需求快速响应，分析生产量和库存持有量，分析客户的库存水平，调整出货计划和补货计划，共同保证 VMI 模式实施的顺利。

2）建设信息化管理平台的基础

现阶段 B 公司物资管理信息化使用的是久其综合信息管理平台，涉及的主要模块和功能如表 4.2 所示。

表 4.2　B 公司物资信息管理模块一览

管理模块	管理内容概括
工程管理	项目清单管理、施工图梳理、现场测定、查询分析、施工计划、施工进度、返工工程量、任务划分与竣工量、工程变更、调度日历、工程资料库
收入管理	验工计价、统计分析、项目经济数据填报
成本管理	责任预算编制、责任预算分解、责任成本核算
物资管理	价格管理、项目统计分析、计划管理（包括物资总需用计划、项目物资采购策划）、库存管理（点发料、进出库等单据的管理）、核算管理（使用节超核算、供应商货款结算）
合同管理	合同签订、合同资料库、执行监控
安全管理	现场物资安全管理、风险应对
质量管理	质量控制、质量保证
客商管理	供应商信息管理、供应商关系管理（SRM）

从表 4.2 中可以看出，B 公司在物资信息管理模块部分已经有了相对成熟的设计和实践应用，为下一步推行供应商管理库存模式提供了一个相对良好的信息管理基础。

依托于久其软件开发系统长久以来良好的合作关系，B 公司可以在现有的信息管理平台的基础上进行更新和改进，增加 VMI 模块，充分发挥物资管理中信息化的作用，以提升企业管理的质量、增加企业效益，形成以大数据为指引的"智慧大脑"，助力企业的转型和升级。将 B 公司的物资管理信息系统建设成为一个流程清晰、数据准确、信息全面、反应快速、管理高效、决策支撑的经营管理平台，实现物资管理工作的全面信息化。

2. B 公司实施 VMI 的必然性

1）具有潜力巨大的市场需求

供应商管理库存模式理论在制造业已经取得值得肯定的成绩，这种新的管理理念越来越多地在各个行业领域广泛应用。简单来说，VMI 就是根据库存的最低水平、最高水平和需求预测，由供应商自主安排补货，包括补货数量和补货时间，目标是把库存维持在最低水平和最高水平之间，达到一定的服务水平（有货率）。供应商管理库存的合理实施不仅可以降低整个供应链的库存成本，还可最大限度地简化客户与供应商间的产品流、信息流和资金流，降低双方的交易成本，同时客户与供应商多会达成长期合作的共识，提高了供应商的确定性，也大幅度地降低了供应商的成本。①产品流方面。传统的库存管理模式下，产品的流动是由订单驱动的，需求时高时低，参差不齐，供应商看到的需求变动很大，无法合理安排生产和送货计划。建立 VMI 之后，供应商可以参照最低、最高库存水平和需求预测，根据客户的预测匹配生产，节约了库存成本，同时选择适当的送货周期，配送成本也降低。②信息流方面。传统库存管理模式是每个订单需要经过确认交期、单价、数量，交付和验收入库的流程，信息流主要是围绕订单流动，增加了供应商管理的时间。建立 VMI 之后，供应商可以根据最低、最高库存目标水平，当前的实际库存，以及需求预测指导整个生产和补货，而信息共享机制使供应商可及时、准确地了解客户的需求。③资金流方面。信息流得到了整合，对传统库存管理模式下的订单结算可以进行改进，以一个时间段为结算单位，减少了处理的信息量。

在这种模式下，整个供应链下供应商和客户形成相互信任、协作发展的局面，供应商不仅能获得产品流、信息流和资金流方面的进步来降低成本，同时客户和供应商一般会达成共识，该业务在未来的一段时间归供应商。这给了供应商更大的确定性。为了应对快速的经济发展，在建筑业中引入新的库存管理模式是建筑业库存管理发展的必然趋势，也是有效降低供应商与公司双方库存、实现合作共赢的客观需求，同时可以促进社会经济的创新发展。

2）有助于 B 公司占据市场先机

建筑业是在压力和动力相互作用的情况下发展起来的，压力指的是市场竞争日益激烈的环境下国内固定资产投资增速放缓、劳动力等资源要素成本上升、推行绿色建筑等多方面的压力，缩小了大多数建筑企业的生存空间；动力指的是市场日益规范、增长动力转换、制度改善以及新技术、新工艺的推广应用，转变了建筑业的生产方式，给建筑企业的转型和升级带来了巨大的机遇与空间。在新时代背景下顺应改革开放的方向与发展路径勇往直前，积极迎接市场挑战与竞争是每个建筑企业发展的不二选择。在激烈的市场竞争环境下，建筑企业需要顺应时代要求，创新理念、发展模式和发展路径，在稳中求变核心原则的指导下，勇于开辟新路径、新方法，以寻求企业发展的生机。目前建筑企业在 VMI 模式领域相对空白，B 公司若能改变旧思路，运用 VMI 模式降低成本、提高效益，将可突破市场激烈竞争的瓶颈，开辟新天地。

通过上述分析，可以看出 B 公司实施供应商管理库存模式具有可行性和必然性。需要关注的是在 VMI 实施过程中同时会面对一些挑战，如业主在工程建设中优势地位的影响，管理者当局的传统观念、人才储备等方面的挑战。因为建筑企业供应商管理库存的研究在实践上还不充分，所以在 B 公司实行 VMI 模式的前期应该缓慢过渡，挑选财务状况好、供货能力强、信用可靠度高、有一定 VMI 模式经验的几家供应商来试行。跟踪处理实践中遇到的问题，不断调整实施细节和方法，总结经验，然后再在战略合作框架内普遍推行。

4.2.3　B 公司供应商管理库存的实施方案

VMI 模式的核心是降低供应成本，把库存放到对用量需求的变化作出更快速反应的地方，减少因为反应不及时而做的库存储备。B 公司供应商管理库存的实施方案应以 B 公司的企业价值理念为基础。在基于 B 公司诚信创新的核心理念之下，从经济利益角度出发降低库存成本，以改善运营、提高收益和改善客户关系为目标，以供应链整体价值最大化为原则，设立实施方案的目标及原则，使得供应链上的节点企业真正实现快速、准确地对需求变化作出反应，提升配送效率，保持合理的库存储备，提高企业的物资管理能力。B 公司在不断改进管理方法和系统时，要立足自身、明确目标、因势而谋、应势而动，立足企业文化，进行实施方案的制订和改进。

1. B 公司 VMI 实施方案的目标

1）降低供应链整体的库存水平

在传统的库存管理模式下，供应商和客户作为独立的个体，各自规划和控制自己的库存规模，在供应链的传递过程中会存在需求信息失真和扭曲等情况，增加了供应商制订生产计划、供货计划和库存管理等经济决策的风险。一方面，供应商为了在激烈的市场中占据有利位置，通常会提升库存量应对顾客的临时需求，为与客户间的合作提供保障；另一方面，信息的不对称导致供应商无法及时、准确地了解客户的需求量，导致需求预测信息失衡，客观上引起库存增加。所以，企业供应商管理库存的实施方案，要致力于解决供应链库存量过大的问题。通过供应商和客户的沟通协作，使供应链整体的库存保持一个较低的水平。

2）提高供应链的反应速度

传统库存管理模式中需求计划、生产计划、库存量及送货计划等关键数据分别存在于不同的供应链组织之间，而实时、准确地传递信息是供应商快速、有效地响应用户需求的前提条件，但供应商企业间的自我封闭人为地增加了信息壁垒，影响了沟通的有效性和供求信息的质量，使得供应商不能及时获得市场信息，无法快速、有效地响应用户的需求，降低了供应链的整体反应速度，故缩短交付提前期是企业实施 VMI 的目标之一。

3）提升供应链的竞争能力

供应商通过信息共享提高对市场的反应灵敏度，企业通过把库存管理转移给供应商，利用节约的资源提升自己的核心竞争力。供应商与客户协同合作、互利互惠，快速、有效地应对市场环境的变化，使供应链的整体竞争能力得以提升。

2. B 公司实施 VMI 的原则

VMI 模式的实施，必须遵循以下基本原则。

1）合作性

实施 VMI 的过程中相互信任与信息透明极为重要，因此要求供应商与客户均具备良好的合作精神。供应链的成员企业在合作中的地位和追求利益的权利是平等的，无规模大小和实力强弱之分，只有在平等前提下，供应商和企业才能形成长期合作的关系，使整个供应链高效运营，提高供应链的整体利益。

2）互惠互利

VMI 策略主要是通过信息共享和深层合作的方式实现双方成本降低的目标，而互惠互利指的是在 VMI 实施成功后，参与供应链的各成员企业均能从中获取相应的利益，避免影响参与供应链各成员企业的积极性。只有加入供应链后企业可以获得更多的利益，才能谋取长久、稳定的共同发展。若供应链各成员企业均一味地追求自身利益，不仅会影响 VMI 的实施及成果，还会损坏其他成员企业的利益，不利于建立长期合作的战略伙伴关系。

3）目标一致性

实施 VMI 策略的双方需要建立一定的合作框架协议，每一方都应明白各自的责任，达成一致的战略目标。在统一的战略目标下，进行库存管理以及生产供货计划的安排，如库存放在哪里、什么时候支付、是否需要管理费用及花费多少等问题都要解决，并体现在框架协议中。

4）协商让利

在利益分配过程中，由于协议考虑不周全，或者未预料的某些情形可能会对 VMI 实施过程中出现的新利益产生分歧和纠纷。这时，应本着实事求是、充分协商的原则解决。若供应链上某一个成员企业因自身利益未得到满足而退出，会引起长期合作的战略伙伴关系的破裂，影响 VMI 的顺利实施，因此 VMI 实施过程中，要通过各成员企业高层间的谈判及协商，制订合理的利益分配方案。且在实际利益分配过程中，若某一企业获利较多，应适当让利于获利较少的企业，以促进共同发展。

5）持续改进

由于供应链内外部环境、企业的内在需求是不断发生变化的，在实施过程中要秉持持续改进的原则，根据这些变化来修改合作策略，使 VMI 迅速适应新的环境。在 B 公司内推行 VMI 模式是一个新的尝试，实施过程中势必面临矛盾问题时有发生的状况，需要通过持续的改进促进 B 公司库存管理模式的彻底革新，为企业创造更大的经济效益。

3. B 公司 VMI 实施模式的选择

1）改进 B 公司的组织机构

在 VMI 模式下，B 公司现有的组织架构不再适应企业管理的需求，需要进行一定的调整，对物资管理部门进行组织架构的重新设计。在 VMI 模式下，分工角色发生了一定程度的改变，工程部门要与业主做好沟通交流，承担起数据采集和处理的责任，库存管理部门根据工程数据，核定物资的需用计划，并将物资需用计划实时传递给供应商，由供应商进行生产和供货计划的制订。基于这样的业务流程，对 B 公司的组织架构进行设计改进。组织架构的基本构成要素是分工和整合。设计过程中要对物资部门的组织架构进行合理的设置，同时明确管理层级和管理模式，形成工作流程框架。

B 公司以项目部为单元分散的采购模式在实现 VMI 计划后，将不再满足企业的需求，设立"物资管理共享中心"取代原来的"物资设备管理部"，扩大物资管理共享中心的职能范围，作为处理全公司物资采购需求计划的信息汇总处理中心。首先，按照 B 公司主要施工的行政区域位置细分为华东、华南、西南、西北 4 个区域信息处理部。由区域信息处理部对各自片区管辖范围内项目部的采购需求进行集中处理。其次，在每个区域内视情况设置 1～2 个区域性节点仓库，相应地缩小甚至取消项目部现有的物料中心库。由节点仓库负责本区域内采购物资的临时存放功能，按需向各项目部送达所需物料。同时节点仓库要承担起产品的质量检测功能，物流将公司按需采购分配的原材料送达区域节点仓库后，管理人员要对产品的质量进行检测。改进后的 B 公司物资组织架构如图 4.6 所示。

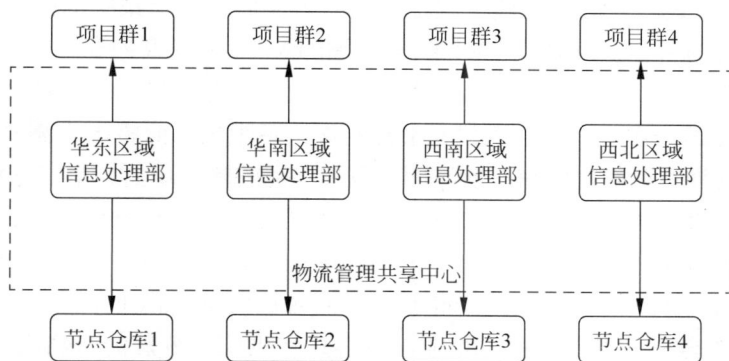

图 4.6　改进后的 B 公司物资组织架构

改进后的组织架构中，物资管理共享中心是整个物资管理的控制中心，当项目根据施工计划产生采购需求的时候，由项目工程部门将需求信息传递到区域信息处理部，由区域信息处理部进行信息更新，将需求快速、有效地传递至供应商。供应商在共享物流服务的情况下，根据客户需求合理安排生产计划，设定库存水平，通过物流将物资传递到区域节点仓库，及时、按质、保量地供应项目施工生产所需各种物资。在这个过程中，由于信息的有效传递，物资的生产、运输、库存都处于最佳水平，有助于将库存量控制在合理范围内，降低库存成本，促进资金周转，节约了运输成本，供应链上的企业实现了协作共赢的局面。

2）B 公司 VMI 策略的实施形式

VMI 的实施并不只有某种单一模式，不同供应链上供应商控制采购方库存的程度也存在差异，而 VMI 实施的形式根据供应商控制采购方库存的程度可分为四种。

（1）采购方拥有管理和控制存货的决策权，即由采购方决定库存管理水平。在这种模式下，供应商主要是为采购方的库存决策提供技术支持，其调节和控制库存的能力受控于采购方。

（2）供应商主要是为采购方的库存决策提供技术支持，但在技术无法支持决策时，供应商可委派相应的管理人员辅助采购方的库存决策工作，即无论是否能够提供技术支持，库存的决策权均属于采购方，因此，供应商对库存决策的影响程度不高。

（3）供应商代表采购方对库存进行管理、控制和决策，并且拥有存货的所有权。依据这种方式，供应商几乎承担了所有责任，它们的决策很少会受到采购方的影响，供应商可以非常清楚自己产品的实际销售情况，并且在一定程度上可以参与销售的活动过程。

（4）供应商委派专业人员前往采购方所在地对库存进行管理、控制和决策，且供应商拥有库存的所有权，即由供应商完全控制库存的水平。

在 VMI 实施中，供应商对存货管理与决策的自主管理权越大，VMI 模式实施效率越高，发挥效果越明显。根据 B 公司的实际情况，采用第三种形式来实施 VMI 是一个比较恰当的选择。

3）B 公司 VMI 策略的运作模式

VMI 实施的运作模式主要有三种：分散式运作模式、集中式运作模式和第三方物流（TPL）的 VMI 模式。分散式运作模式指的是：供应商在客户集中的区域内设置一个仓库，为该区域内的所有客户提供 VMI 服务，会出现一个供应商为多家客户提供库存管理服务或同一用户由多个供应商进行库存管理和控制等现象，导致管理环节混乱。集中式运作模式的特点是：在客户的附近建立节点仓库，各个供应商将客户需要的货物送达节点仓库放置，这样可以解决因缺乏安排而导致的混乱的卸货场面。第三方物流的 VMI 模式的特点是：选择专业化程度高的物流企业来实现配送业务和节点仓库的管理功能。此时第三方物流企业更像是供应商和客户之间的中介，客户向供应商发出购货需求后，供应商安排第三方物流进行货物的配送和补充，同时还负责货物质量的检验，确保将符合条件的货物送达客户。引入第三方企业，将客户和供应商分散的货物配送需求集中化，达到规模效应后可以降低配送成本，并且第三方物流企业更加专业、规范，能够有效降低货物损毁、配送错误、货物积压的问题。

B 公司由于施工地点具有流动性，在建项目分散在各个省份，无法在项目部的附近建立仓库或者节点仓库来实现统一的库存管理功能，使得分散式和集中式的运作模式不可行，所以 B 公司 VMI 实施的运作模式应该采用第三方物流的 VMI 模式。B 公司引入第三方物流服务可以使 B 公司及其供应商将非核心的业务外包给第三方物流企业，二者利用有效的资源和精力提升自身的核心竞争力，不仅可降低物流作业成本，还可减少物流设施方面的投资。

现阶段在 VMI 实施过程中引入第三方物流，是供应商管理库存模式的一种趋势。选择专业的物流公司，发挥其优势，使 VMI 模式中的许多问题得以解决，该模式增强了 VMI 模式的可行性和适用性。引入第三方物流的运输模式的优点可以概括为以下几个方面：①在供应商管理库存模式下，供应商具有一定的被动接受转嫁库存成本的担忧，而第三方物流作为供应商和企业的第三方，提供信息会更加中立，在一定程度上减少了供应商的顾虑，可以使供应商对 VMI 的实施更加主动。②减少了分散的供应商单独承担的物流费用，进一步发挥 VMI 降低成本的优势，使得 VMI 模式取得更好的经济效果。③传统 VMI 模式下由供应商对库存进行管理和控制，引入第三方物流后，库存由第三方物流企业统一进行管理和控制，还可以协调不同供应商间的沟通交流，分担和降低了供应链各节点企业的风险，同时还可以提高库存管理的成效。④第三方物流企业拥有专业性较强的物流信息系统及相关人才，VMI 引入第三方物流后，会完善 VMI 共享物流信息系统，不仅可以使供应链各节点的供应商及时、清楚地看到相应的库存，进行合理的补货，还能通过与其他供应商共享物流信息，最大限度地降低供应链上中游企业的风险。⑤ VMI 引入第三方物流后，物资检验由第三方物流执行或由其进行监督，有助于货品检验公平性的提高。

作为建筑企业的 B 公司施工地理位置的差异较大，物资管理共享中心的假设下，依靠供应商自身的物流，很难满足企业的需求，所以 B 公司实施 VMI 采用引入第三方物流的运作模式，加入第三方物流来参与 VMI 的运作。在这种情况下，供应商、客户、第三方物流共同形成供应链上一起实施项目的团队。B 公司引入第三方物流后的具体运作模式如下。

（1）区域性节点仓库的选择。B 公司设置区域性节点仓库时，可以有两种方式：一是以第三方物流企业的区域配送中心（RDC）作为 B 公司的区域性节点仓库，B 公司负担第三方物流公司一定的管理费用。这种方式是 B 公司实施 VMI 模式建立区域性节点仓库的首选方式，它可以减少 B 公司仓库的基础建设投资成本。二是因为地理位置、配送中心规模大小等影响因素，物流企业的配送中心无法满足 B 公司物资管理的需求时，B 公司则需要自行租赁或建设区域节点仓库，进行物资的收发货管理。供应商根据物资的需求计划，制定好库存水平和供货计划，及时往节点仓库中补充物资。

（2）第三方物流公司将分散的物流需求进行整合，把物资从供应商调配到区域节点仓库，由第三方物流公司实行统一管理，但此时货物的所有权仍然属于供应商。当 B 公司产生施工用料需要的时候，出库指令下达后由第三方物流公司严格按照指令及各项目部的需求从区域节点仓库出货，且在规定的时间内将物资送达项目施工地点，完成交接手续后物资的所有权将发生转移，由供应商转移到 B 公司身上来。

（3）B 公司和参与 VMI 管理模式的供应商可以通过第三方物流公司的信息管理平台实时共享库存水平信息，此时的第三方物流公司相当于搭建了一个信息交互平台。当供应商生产的货物运达区域节点仓库时，第三方物流公司的信息管理系统会及时进行数据的更新；当货物由节点仓库运达项目部施工现场时，信息管理系统中的库存数量会相应地进行扣除。这样供应商通过对物流公司的信息管理平台跟进，对自己的库存水平就有了准确的把握，便于更好地制订生产和补货计划。另外，B 公司通过这个信息交互平台发布的物资需求信息可以被供应商及时地获得，使得供应商提前进行供货的预估和准备；B 公司的节点仓库出库计划也同时更准确地传递给了第三方物流公司。在信息充分、传递及时的情况下，整个供应链的运转效率会大大提高，使 VMI 模式更加高效地实施。

在整个环节中，B 公司不断根据施工情况发布采购需要，供应商不断接收物料需求信息进行生产和供货，而第三方物流公司不断进行收货、发货、运输和对双方信息的交互管理，如此循环往复，共同形成了 VMI 的基本运作模式。

4. B 公司实施 VMI 的物料管理

1）实施 VMI 物料的选择

对 B 公司各项目施工生产过程中通用的原材料进行分类，选择采购量大、需求稳定、价值高、交易频次高的物料优先进行 VMI 实施规划。在选择推行 VMI 的物料时，那些相对交货频次较高的物料比发货间隔较长的物料更有价值。因为高频交付的物料（比如每天、隔天交付）通常都是用量比较大的物料，在传统管理模式下，由于供应商无法对客户的需求量进行合理的预测，会产生为了应对交付和需求不确定性的储备库存。对采购量大、交易批次高的物料采用 VMI 管理模式可以很好地节约这部分库存成本，产生经济价值。而对于交易频率低、发货间隔时间长的物料，如那些一个月甚至一个季度才发一次货的物料，实行 VMI 模式不仅不能帮助降低成本，可能还会由于让供需双方的沟通变得更复杂而增加供应管理的成本。

所以，对于 B 公司来说，与铁路建设相关的主要材料，如金属材料、水泥砂石、电线电缆和结构件因其采购频率高、采购量大，适合实施 VMI 模式管理。

2）物料加入 VMI 的路径

B 公司要确认好物资加入 VMI 的路径，在以后的实施过程中，不断关注是否有新的适合加入 VMI 的物料，按照统一的物料进入路径处理。

B 公司的某种物资需要新加入 VMI 模式中的时候，首先，要判断该种物料是否可以由现已加入 VMI 的供应商供应，若可以，则在 B 公司和该供应商的协议上补充实施 VMI 的物料清单。若现有的 VMI 供应商不能实现该种新物料的供应，则需要采用公开招投标或询问比价的方式，选择最佳的供应商进行谈判。其次，确定供应商后，双方需签订 VMI 协议，明确双方的权利和义务，并为供应商提供实施 VMI 模式的相关培训支持，以规范供应商的合作行为。在 VMI 信息系统及时录入新供应商的基本信息，实现供应商名录的动态管理。同时新物料的基本信息也一并录入信息系统中。最后，当企业产生对新加入 VMI 的物料需求时，核实物料的安全库存量后制定明确的物料需求，传递给供应商，进行采购活动。

3）物料退出 VMI 的路径

在 VMI 实施的过程中，有些物料因为工程变更、产品的生命周期结束、物料需求量减少、物料的质量有问题、供应商违约等需要退出 VMI。为了应对这一局面，尽可能地减少物料退出 VMI 系统所带来的损失，有必要制定一个物料退出 VMI 系统的流程来进行标准化应对。

物料退出 VMI 的路径与加入时类似，首先要及时通知提供该物料的 VMI 供应商，停止对该物料的补货。双方确认对该物料库存的所有权，沟通协商一致后，在信息系统里将该物料移除，同时更新与供应商的 VMI 协议，重新明确双方的责任和义务。对于已经退出 VMI 模式的物资，根据具体情况匹配合适的库存管理和采购模式。B 公司在 VMI 管理过程中，对供货频率低的物料要多予以关注，看是否出现了上述工程变更、物料需求量减少等问题，防止呆料的形成。

5. 实施 VMI 的供应商管理

1）实施 VMI 供应商的选择

在 VMI 管理模式中，供应商的选择和管理占有非常重要的位置，VMI 成功实施的基础建立在良好供应商关系的基础之上。所以 B 公司要在现有基础上进一步梳理和完善合格供应商名录，与优质供应商建立长期合作关系。首先，由于 VMI 管理模式中供应商与购买方扮演的角色发生了变化，B 公司现有的合格供应商名录中的一些厂家已经不再符合下一步工作目标的需要，需要将现有的合格供应商名录进行更进一步的细分，筛选出符合 VMI 战略目标需要的供应商，单独建立成档，形成 VMI 管理供应商名录，并对其实行动态监控。其次，在 VMI 管理供应商名录中选择具有强供货能力、优秀管理能力和高信誉度的供应商进行深入的沟通协商，实现合作的目标，并通过培训支持和信息反馈，使供应商不断改进质量，参与供应商产品质量控制和计划协调的过程，在不同层面上建立新型的供应商网络，与供应商建立长期合作的关系。

VMI 模式中供应商是库存所有权和决策权的拥有者，是实施 VMI 过程中重要且关键的环节，作为企业的战略同盟者，供应商的质量在一定程度上决定了 VMI 模式的顺利实施。B 公司在物资管理过程中建立了一个合格供应商名录，对供应商的基础信息进行了统计分析及动态管理，B 公司规定合格供应商应具备的基本条件有以下几方面。

（1）中华人民共和国境内注册、具有法人资格、拥有相关物资供应经验的生产商或代理商。

（2）具备国家有关部门、行业或集团公司要求必须取得的质量、计量、安全、环保认证以及其他经营许可。

（3）生产商的生产设备和工艺须具备专业技术的能力，且须符合国家的相关规定，并已获得生产许可或省部级以上有检验资格机构颁发的产品质量检测报告。

（4）没有因违约或不恰当履约引起的合同终止、纠纷、争议、仲裁、诉讼记录和重大违法违规记录。

（5）具有一定经营规模和服务能力，有依法纳税的良好记录。

（6）拥有健全的财务会计制度，其所属领域内的商业信誉较高。

合格供应商名录给公司实施 VMI 模式建立了供应商档案，在确定实施 VMI 供应商范围时，可以以合格供应商名录中的供应商为总体进行更为细致的考量，综合选出合适的供应商，并在每半年、一年或项目结束后，对经常往来的供应商进行重新评价，检查供应商的实际供货能力、供货质量、交货量是否合格，以及企业与供应商是否沟通顺畅、合作良好，以此来评定供应商的信誉等级，用以指导今后的合作方式。对于不合格供应商后续将不再继续合作。由于供应商决定了企业的库存水平，供应商质量的高低是企业 VMI 能否顺利实施的关键，在选择供应商时以下几点内容需重点关注。

第一，产品的价格与质量。产品的价格与质量是评价供应商的一个非常重要的指标，供应商的报价决定了 B 公司的采购成本，供应商产品的质量决定了企业工程的质量，所以在选择供应商时，价格与质量应当放在首要的位置上予以考虑。在考虑产品价格因素时，以同行业的平均价格为标准限定价格的上下浮动区间，制定适合 B 公司的采购价格，以降低成本，提高企业的利润率。在产品质量方面，若供应商的产品合格率较高，可一定程度说明其生产能力较强，故可将合格率作为评价供应商产品质量的重要指标，为企业稳定地提供符合标准的产品。

第二，供应商的服务水平。在 VMI 实施过程中，供应商和企业需要相互协作，供应商依据客户的物料需求计划来决定补货的品种、数量和频次。此时供应商的服务水平体现在其沟通能力方面。供需双方需要非常及时地分享库存、发货量、在途量、入库量、领用量等数据，某一个环节的数据分享不及时，就可能造成用量计算失误，或者造成缺料、断料，或者导致高库存。只有供应商积极配合、有效沟通，通过紧密的沟通减少误会和矛盾的冲突，才能确保实施过程的顺利。在项目执行验收后，供应商的后续评价工作也在同步进行，对于供应商的后续服务水平和产品质保期内的反馈也是供应商评价体系的重要组成。

第三，供应商的配合力度。在 VMI 模式下，供应商不仅是企业的上游供货方，同时也是企业物资管理的参与者，对物料的库存水平进行把控，赋予了供应商更加重要的地位。配合力度是一个较为复杂的评价指标，无法依靠指标数据来进行估计，可以从与企业的日常合作过程中判断。其一是供应商对企业合作的重视程度，供应商对企业合作的重视程度越高，配合力度越大；其二是面对问题和矛盾时，企业和供应商是否能够沟通顺畅、共同解决。

第四，有良好的信用状况。选择信用良好的供应商是合同顺利履行的前提条件和保障。供应商信用状况主要体现在货真价实、信守合同承诺和按期交货等方面。正常情况下，大公司的实力较雄厚，报价相对较真实，签约后供货质量和交货时间也有保障，而若供应商或代理商的规模较小，其履约能力、按时交货的能力及承受市场风险的能力相对较弱，出现交货日期延后或产品质量不过关的概率相对较大。因此与供应商签订合作协议前调查其资信状况尤为重要。专业信用管理公司、行业协会或商会等是调查资信的常用机构，还可以通过与供应商有过合作的第三方企业了解其信用状况，必要时可委派专业人员到供货商工厂进行考察和调研。

2）安全库存的设置和管理

安全库存又称保险库存，是指当不确定因素（订货期间需求增长、到货延期等）导致更高的预期需求，或完成周期更长而持有的超过预期数量的缓冲库存。安全库存一般平时不使用，是为了在紧急情况下不出现物料短缺而设置的库存。安全库存在数量上是指供应商最快的交付时间内企业所需要的消耗量。安全库存＝单位消耗量 × 紧急交付情况下所需要的时间。VMI 设定的安全库存目标既不能过高，也不能过低，需要有一个合理的最大（max）/最小（min）库存区间。安全库存越大，出现缺货的可能性越小，但是同时库存成本就会越高，导致剩余库存的出现。

设立安全库存的原则有：①保证物资的顺畅流通，不因缺料而停产。②在保证生产的基础上做最少的库存。③减少呆料的产生。首先是合理设定最低库存量，底线是必须保证客户生产不会中断，库存数量足够多到下一次补货的到达。在 B 公司实施的 VMI 模式下，最低库存量是指即使出现紧急不可预料状况，在供应商补货前也可以保证企业施工活动不受影响，此时第三方物流仓库中持有的物料库存量可以用公式表示为：最小库存数量＝每天的平均需求量 × 安全时间（天）。安全时间的设定根据供应商的情况而定，交货质量越是稳定，运输时间越是短，时间可以设置得较短；反之，安全时间就要设置得更长。安全时间应该包括从供应商工厂到 VMI 仓库的全部运输时间；VMI 仓库作业时间，包括仓库入库、分类整理、出库的操作时间和应对意外情况的缓存时间。最高库存的设置方面需要考虑的主要是 VMI 仓库的存储能力，在 B 公司 VMI 模式的实施中，在区域节点仓库出库前，物料的所有权归供应商所有，供应商要承担这些物料的库存成本和管理费用。

B 公司实施 VMI 过程中，影响安全库存的因素有以下几方面。

（1）企业的生产组织模式。在 VMI 模式下，供应商依据企业的需求计划来安排生产，属于订单拉动式的生产，所以安全库存设置时，物料的种类和数量都可以设置在一个较低的水平。

（2）供应链的物流管理水平。专业化的第三方物流公司在市场中的应对速度、需求的响应上都比较及时有效，使得安全库存的总量下降。

（3）物料的种类。按照物资的 ABC 分类法，根据物流的重要和影响程度进行安全库存的设置，企业所需要的 A 类物料的安全库存可以设置得稍微高一点。

（4）施工周期。在施工的紧密周期，安全库存应该设置在一个相对较高的水平。

3）B 公司与供应商之间协议的签订

在 VMI 模式下，B 公司和供应商的行动与决策都是在减少供应链库存成本、合作共赢这个目标前提下进行的。通过协议的制定，明确双方在协同合作过程中可能出现的问题，并且要尽可能详细和明确，无歧义。

B 公司与供应商之间供货的协议要点有以下几方面。

（1）供应商和 B 公司要对实施 VMI 的物料明确编号，对合同参与技术术语进行定义，并在物资信息管理平台进行信息的初始化处理，以后双方在协议列明的 VMI 物料范围内进行此管理模式的交易。物料的进入与退出要遵循物料进出入准则。

（2）供应商和 B 公司共同设定安全库存量，供应商对库存量的最大值和最小值负责。

（3）区域节点仓库的库存物资的所有权归属供应商，仓库库存超过最大库存水平时，分情况予以处理。在需求量临时增大导致区域节点仓库库存超量的情况下，供应商要提前向 B 公司传递通知单提醒出货，B 公司收到通知单后根据单据内容 5 天内对库存进行清理。由于生产技术和条件发生变化，或者供应商库存管理不到位导致的库存超出上限，B 公司无法正常接收，责任由供应商自行承担。

（4）供应商供库后，第三方物流将出库物资运输到区域节点仓库，这一过程中的运输费用由供应商来承担，但若由于 B 公司原因，改变了运输方式和路线，导致货物无法到达区域节点仓库而产生的二次搬运费，由 B 公司来承担。B 公司向区域节点仓库发出出货指令，货物由区域节点仓库传递至施工地点的运输费用，由 B 公司承担。

（5）当 B 公司从区域节点仓库领取物资出库后，供应商即可依据出库单开具发票给 B 公司，B 公司按照双方预定的付款时间和付款方式与供应商结算货款。

（6）确定了物料的价格，但由于市场环境发生较大变化引起原材料价格突变的情况下，双方应该本着长期合作的精神，对物料的价格予以协商调整，并签订结算价格变更协议。

（7）明确物资结算价格的构成，包括原材料的成本、税费，运达区域节点仓库前的各种杂费、运输费。

（8）B 公司要与供应商制定退货条款，明确退货的提前期和退货的运费支付情况等问题，同时还需要拟定包括意外事件所需的报告、报告的渠道和时间间隔等例外条款。

（9）供货双方本着互惠互利的原则确定货物的采购价格，且每类货物的结算价格不得高于本年度供应商与 B 公司以外任何企业成交的最低价。

6. 实施 VMI 的物流管理

1）第三方物流公司的选择

第三方物流是一个新兴产业，自 20 世纪 90 年代以来快速发展起来。第三方物流同传统的外协物流和自营物流不同，是物流公司与客户通过订立合同，建立一种长期的多功能、全方位的专业化服务关系。其业务范围不局限于货物的运输、配送、装卸和搬运，而是扩展到设计客户的物流系统、以信息技术为核心的管理、外部数据交换、财务信息管理等方面，具有自动化和智能化的特点。此时，企业和第三方物流公司是合作联盟关系，区别于外协物流的商务合作，是一种战略性的合作关系。所以引入第三方物流的 VMI 模式首先需要寻找合适的物流公司。选择第三方物流公司的时候，要对物流公司进行综合能力判断。通常来说，从物流公司的物流能力和基本综合能力这两大方面来判断。

（1）B 公司在选择第三方物流公司时，要充分考察第三方公司所能提供的物流能力，主要包括公司的运输管理能力、库存管理能力以及配送中心的数量和规模。第三方物流公司的运输管理能力主要体现在：物流公司的配送准确性，是否存在错发、漏发货物的情况；货物的损失丢失比率；收到供应商和 B 公司送货指令后配送的及时率。第三方物流公司的库存管理能力主要体现在：正常签收的货物在保管过程中意外残损率低；拣货、备货操作及时准确，能迅速响应企业的要求；接收到的货物摆放有序、标识明确、分类清晰，盘点及时。同时第三方物流公司应该具有较大规模的区域配送中心，便于 B 公司区域节点仓库的建立。

（2）第三方物流公司的基本综合能力，包括物流公司的财务状况、经营管理水平、客户服务能力、运作能力和发展能力，又因为第三方物流公司的信息技术在这种运作模式中占有非常重要的地位，所以物流公司信息管理能力应当作为一个关键指标予以重点关注。物流公司要加强与企业的信息动态共享水平，首先要具有一个高效、完善的信息管理系统。通过信息系统的管理，供应商、物流公司和企业可以及时对货物的运输量、运输时间、库存信息同步监控，使三方均能提前做好准备，各司其职，共同加快供应链运作速度。

2）仓库操作协议

在 B 公司模拟实施的 VMI 模式下，依据施工地点，分区域设置了节点仓库，对于仓库的操作流程和管理，B 公司要与第三方物流协商，就一致意见签订协议。协议的内容可以包括以下几个方面。

（1）使用第三方物流公司的配送中心作为 B 公司的区域节点仓库的情形下，以长期合作为基础，供应商、B 公司协商负担仓储费用，物流公司需要划分专门的区域来作为 B 公司的区域节点仓库，对物资归集整理。

（2）要加强现场物料的管理，每一种物料的区域要明确划分，不能相互混淆，造成管理的混乱。定期对物资进行库存盘点。

（3）第三方物流公司需要承担质检责任，当货物运达区域节点仓库后，第三方物流公司仓库管理人员需仔细核对货物的种类、规格和数量，并检测货物的质量，经过 IQC（来料质量控制）人员检验，只有检验合格的物料才可以出库到施工现场，对于不符合规定的物资，物流公司要及时通知供应商进行退换货处理。

（4）对保管的物资约定保管方法，确定保管方法后，物流公司不得擅自变动，物流公司要具备相应的保管条件，使得保管的货物不短缺、不损坏、不污染、不灭失，处于完好状态。区域节点仓库的物资因保管不当造成损毁的，由物流公司予以赔付。工程使用涉及的易燃、易爆、易腐、易渗漏等特殊材料，要单独区分保管，必要的时候，还应向 B 公司提供储存、保管、运输等方面的技术资料。

3）物流配送协议的签订

B 公司实施 VMI 模式的过程中，引入第三方物流，所以 B 公司还需要和 TPL 签订物流配送协议。

（1）第三方物流公司不得将物流作业分包给他人，为了缓解运输压力、应对临时紧急运输状况而分流运输作业给他人时，需要取得 B 公司的同意。

（2）TPL 的信息管理系统负责提供实时库存信息的查询。物流公司次日上午 10 点前分别向供应商和 B 公司提供前一天的收货确认单、发货确认单，单据信息确保完整有效。

（3）物流公司按照先进先出的原则，对区域节点仓库内的物资进行调配管理。

（4）由第三方物流公司承担所有运输过程中的货物保险，运输途中货物的损毁、被盗、丢失都由物流公司负责赔偿。

（5）第三方物流公司具有维护 B 公司和供应商之间良好关系的责任。

7. B 公司 VMI 实施效果评估

供应商管理库存作为一种先进的库存管理模式，从供应链的角度出发，实现了企业从内部库存管理向外部资源管理的转变。在 VMI 模式下，B 公司与供应商从传统的交易关系转变为战略合作伙伴，不仅有助于供需双方的长期合作，还为合作双方积极参与解决问题提供了保障。而原来传统采购模式中，供应商与企业仅为交易双方，无法从全局、战略的角度解决问题，影响了整体效益的最大发挥。通过实施 VMI 策略，对供应链进行整合，供应链的各参与方都会获得可观的经济效益。

从供应链的角度来说，首先，信息透明共享加快了供应链的响应速度，有效地解决了牛鞭效应造成的需求逐级扩大的现象，降低了信息的传递时间，使得信息交换更加及时、可靠。其次，VMI 实施后，供需双方通过及时的信息交互，降低了供应链整体的库存水平，供应链上各参与企业的运营成本可以达到最小化，增强了供应链整体的竞争力。再次，VMI 的实施使得流程处理更加自动化，减少了人工操作的工作量，提高了采购的效率。对供应商来说，在信息流上，因为可以获得企业需求的有效信息，可以减少企业为了抢占市场而进行的盲目生产等短期决策造成的损失。在物料流上，企业根据准确的需求预测信息安排的生产计划会更加合理，根据客户的需求规律，对库存状况进行平衡，既能及时满足客户的需求，又可以降低自身的库存压力。在资金流上，原有的库存管理模式下资金常会延期支付，供应商垫资生产承担着较大的经济压力，而在 VMI 模式下，资金的支付模式具备即时支付的条件，可以降低供应商的资金成本。最后，在 VMI 模式下，供应商和 B 公司建立了一个长期的战略合作关系，通过与 B 公司的协调合作，供应商提高了自身的供应链管理水平、提升了企业的竞争力，可以在 B 公司供应商的考核评价中取得优势，在建筑市场上成为优选供应商，为企业赢得更多的商业机会。

对 B 公司而言，VMI 策略的实施最直接的一个效果在于降低了企业的库存成本，在 VMI 模式下，物资在送达企业施工项目部的时候完成所有权的转移，当没有 VMI 物料需求的时候，物料存放于 VMI 区域节点仓库，所有权属于供应商，B 公司用信息代替了物理库存，减少了在物料需求计划模式下过量库存的风险。除此之外，VMI 的实施还具有以下几个方面的效果。①在供应商参与的 VMI 模式下，供应商与 B 公司的合作程度将进一步深化，在长期合作的背景下，供应商供货的质量和品质会得到最大限度的保障，减少了企业和供应商之间物资采购的纠纷。② VMI 模式下订单的职能实现了由企业向供应商的转移，供应商通过对 B 公司动态需求数据的分析合理安排供货计划，企业可以将节约出来的时间和资源发展核心竞争力。③在原物料需求计划模式下，供货提前期受客观因素影响难以把控，而通过 VMI 的实施，企业的提前供货期会大幅度缩短且相对稳定，缩短了物料的库存可供应时间，降低了缺货风险。

本章小结

　　库存表示用于将来目的的资源暂时处于闲置状态。在企业生产中，尽管库存是出于种种经济考虑而存在，但库存也是一种无奈的结果。它是由于人们无法预测未来的需求变化，才不得已采用的应对外界变化的手段。

　　在库存理论中，一般根据物品需求的重复程度分为单周期需求问题和多周期需求问题。单周期需求也称一次性订货问题，多周期需求又分为独立需求与相关需求两种属性，独立需求是需求变化独立于人们的主观控制能力之外，相关需求的需求数量和需求时间与其他的变量存在一定的相互关系，可以通过一定的结构关系推算得出。

　　VMI 是一种在用户和供应商之间的合作性策略，对双方来说都是以最低成本优化产业的可获性，在一个相互同意的目标框架下由供应商管理库存，这样的目标框架被经常性监督和修正，以产生一种连续改进的环境。

　　实施 VMI 的关键措施主要体现在以下几个原则：合作性，互惠互利，目标一致性，协商让利，持续改进。

　　供应商管理库存概括起来主要有以下四种形式：①供应商提供包括所有产品的软件进行库存决策，用户使用软件执行存货决策，用户拥有存货所有权管理存货。②供应商在用户的所在地，代表用户执行存货决策、管理库存，但是存货的所有权归用户。③供应商在用户的所在地，代表用户执行决策管理存货，拥有存货所有权。④供应商不在用户的所在地，但是定期派人代表用户执行库存决策、管理存货，供应商拥有库存的所有权。

复习与思考

　　1. 什么是库存？

　　2. 什么是 VMI ？

　　3. 实施 VMI 的原则有哪些？

　　4. 供应商管理库存的形式有哪几种？

即测即练

第5章　汽车供应商质量管理实践

本章关键词

汽车供应商质量管理（automotive supplier quality management）
精益制造（lean manufacturing）

供应商质量指的是供应商所提供产品或服务在满足预定质量标准和顾客期望方面的性能表现。在供应链管理中，供应商质量是一个关键因素，它直接影响最终产品或服务的质量和企业的市场竞争力。汽车供应商质量是指汽车行业中，供应商提供的零部件、材料、服务或技术在满足汽车制造商（OEM）和最终用户的质量标准与期望方面的表现。在汽车行业中，由于其产品对安全性、性能、耐用性和法规遵从性有极高的要求，因此供应商的质量控制尤为重要。本章聚焦汽车供应商，探索 FT 汽车供应商质量管理体系及其运行特征。

5.1　汽车行业供应商质量管理的基本理论

5.1.1　汽车行业供应商管理

汽车行业供应商管理的主要特点是零部件供应商体系化、层级化管理，以及零部件供应商分段式管理。通过对供应商资源池内的供应商进行分类、分级管理，并根据产品开发的不同阶段，对供应商进行分段式管理。

供应商体系化管理，是将所有开展合作业务的供应商称为体系内供应商进行分类的资源优化管理，称未开展合作的供应商为体系外供应商。体系内供应商因其合作年限长、依赖度高，尽管质量保障能力差，整车厂也会给予一定的扶持和帮助，如会根据车型上市年限、价格水平等，给予一定的配套份额。

供应商层级化管理是对同种零部件的供应商，依据质量保证能力分类管理，主要分为战略供应商、重点供应商和一般供应商。它是以零部件所属子系统分类管理，与零部件类别相对应又有所差别。如 A 类零部件的供应商多为战略供应商和重点供应商，B 类零部件的供应商则多为一般供应商，少量为重点供应商。

供应商分段式管理是依据整车开发时间节点，在不同开发阶段对供应商类别进行划分的管理。供应商主要分为潜在供应商、开发供应商和量产供应商，分别对应项目开展初期的预选供应商、项目开展过程中的开发供应商、项目量产后的供货供应商。

综上，汽车行业的供应商管理是根据整车开发节点，在不同项目阶段开展的供应商管理活动业务。对不同阶段的质量保障能力进行策划、管理、控制和改进，最终使整车量产后能够满足预定的质量目标规划。

汽车行业供应商的开发与选择一般分为新产品开发和商改产品二次开发两个方面，如图 5.1 所示。

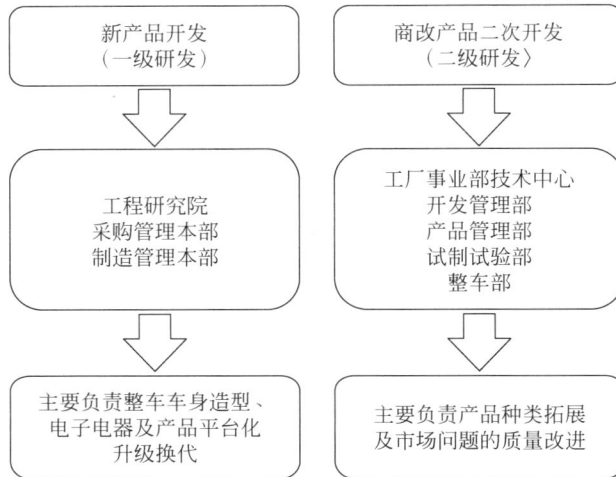

图 5.1　产品研发路径

新产品开发是在采购管理本部接收研究院的零部件招标信息后，组织供应商管理部门对潜在供应商进行筛选和评价，就供应商的质量保障体系、先期质量策划等环节进行考核，确保供应商满足零部件的所有使用要求。

商改产品二次开发是在工厂事业部的技术中心收到售后市场改进需求后，由工厂事业部的开发管理部门组织工厂质量管理部门对体系内供应商进行二次开发，确保供应商满足商品改进的所有使用要求。

5.1.2　汽车行业供应商质量管理

汽车行业供应商质量管理一般分为前期汽车产品开发中的零部件质量策划和后期量产阶段生产及售后零部件质量管理两大部分。对应的职能部门通常由采购部和各工厂的供应商管理部门的相关人员组成。

产品开发阶段的供应商质量管理主要依据的是产品开发流程，在新车型或商改车型上，对其采购零部件的首次开发与验证管理，包含供应商开发与选择、零部件设计与过程开发、生产件批准、按节拍生产、零部件开发过程有效问题解决等五个环节。在产品开发流程的要求下，识别关键任务，分别对应整车开发项目节点的交付输出物，主要有：新供应商准入审核，顾客方针对供应商的产品规格要求（specification of requirements，SOR）制定与发布，技术评审，关键分供方管理，特殊特性识别与评审，设计潜在失效模式分析（DFMEA）& 设计试验验证计划（DVP）开发与评审，设计评审（各阶段），样件认可（I/S/A/B 样件），阶段评审，设计验证计划（DV）试验，过程流程图、过程开发潜在失效模式分析（PFMEA）和控制计划开发，工装、模具开发及认可，检具开发及认可，包装开发及认可，过程试验验证计划（PV）试验，综合匹配（match build，

MB），早期生产遏制，PPAP（生产件批准程序）文件评审，PPAP 现场评审，PPAP 样件确认，整车试生产，整车批量，问题有效解决，经验教训总结与运用等。新产品开发关键任务职能矩阵如表 5.1 所示。

表 5.1　新产品开发关键任务职能矩阵

APQP 过程	序号		关键任务名称	采购管理本部	工程研究总院	质量管理部	各事业（本）部	供应商
供应商开发与选择	1		新供应商准入审核	R	S	—	S	S
	2	SOR 制定与发布	技术 SOR	S	R	—	—	S
			质量 SOR	R	—	—	—	S
			包装物流 SOR	S	—	—	—	S
	3		技术评审	R	S	—	—	S
	4		关键分供方管理	R	S	—	—	R
	5		特殊特性识别与评审	S	R	—	—	R
	6		DFMEA & DVP 开发与评审	S	R	—	S	R
	7		设计评审（各阶段）	S	R	—	S	R
	8	样件认可	I 样件认可	—	R	S	—	—
			S 样件认可	S	R	S	—	S
			A 样件认可	S	R	S	—	S
			B 样件认可	R	S	S	—	S
零部件设计与过程开发	9		阶段评审	R	S			
	10		DV 试验	S	R	S		
	11		过程流程图、PFMEA 和控制计划开发	R	—	—		
	12		工装、模具开发及认可	R	—	—		
	13		检具开发及认可	R	—	—		
	14		包装开发及认可	S				
	15		PV 试验	S	R	S		
	16	综合匹配	MB1	R	—	—		R
			MB2	S	S	—		S
			MB3	S	S	—	R	S
	17		早期生产遏制	R				R
采购生产件批准	18		PPAP 文件评审	R	S			S
	19		PPAP 现场评审	R	S			S
	20		PPAP 样件确认	R	—	S	S	S
按节拍生产零部件	21		整车试生产	S	—	R	S	S
	22		整车批量	S	—	R	S	S
	23		问题有效解决	R	R	—		R
开发问题有效解决	24		经验教训总结与运用	R	R	—		R

注：R 表示负责或牵头组织；S 表示支持或参加；—表示不适用。

量产后的供应商质量管理主要是指商改产品的二次开发，即对市场在用的车型进行升级改造。参照产品开发框架体系的过程开发要求，对原有开发流程进行简化处理，并出具第三方检测报告，产品尺寸满足工程样件（off tooling samples，OTS）检测要求，即可开展整车试生产装车验证、小批量装车搭载试生产，待售后 3 个月无质量问题反馈，由工厂出具验证合格报告后即可实现量产批准。

5.1.3　汽车行业供应商质量管理体系

汽车行业供应商质量管理体系，主要是基于整车厂现有各类零部件的供应商建立的供应商资源池，对同类零部件供应商的质量保障体系能力进行划分，为新产品开发和商改产品二次开发提供潜在供应商选择范围。通过每两年或者3年一次的供应商质量体系审核，对供应商质量保障能力进行评价，以其评分划分所处供应商类别。通过每年售后12个月千台故障率（IPTV12）进行辅助评分，保证每个供应商的优劣势得到充分的识别。

5.1.4　汽车行业供应商质量管理方法

1. 精益化制造理论

精益化制造在汽车行业已经得到普遍的推广和应用，它来源于丰田生产方式的管理哲学，是通过调整企业之间合作模式、企业内部人员组织架构、生产资料运行方式，使企业生产系统能够很快适应市场供求变化，并在生产过程中以最低的资源消耗换取最大收益的一种生产管理方式。

精益化制造在汽车行业中的主要应用领域有三个方面：采购件质量改善，供应链库存管理，供应商体系优化。

采购件质量改善：根据精益化制造对商品制造流的管理要求，首先，根据六西格玛精准质量零部件管理要求对采购零部件一次入厂合格率进行分析、改进、提升。其次，在整车生产线上建立操作工自检、质量部门专检、生产过程审核、产品审核的四环质量控制体系，按照"不接收""不制造""不传递"质量缺陷的核心原则，推动整车工厂整车生产下线质量控制水平的持续提升。最后，收集售后市场表现，按照零公里（IPTV0）、3个月千台故障率（IPTV3）、6个月千台故障率（IPTV6）、12个月千台故障率（IPTV12）、售后质保期内故障率（PPM）等不同阶段质量表现进行区分管理，有针对性地提高客户满意度。

供应链库存管理：根据精益化制造对库存的管理要求，首先，对生产工厂的线前零部件进行整合，仅保留当天使用物料。其次，对区域配送中心库房进行管理，采取"7+3"库存管理理念，保留一周生产物料库存、3天的安全库存。最后，将采购订单下发计划与销售订单关联，采取15天交付周期，与供应链和市场端进行零部件和整车交付的管理。

供应商体系优化：根据精益制造对采购零部件的"QCDS"管理原则，在保障质量、成本、交付、服务的基础上，拓展多家供应商采购渠道，采取关键核心零部件"2+1"家供应商、一般零部件"4+2"家供应商进行日常零部件的供货，确保产线所需零部件供货稳定。

2. 汽车产品开发框架体系

汽车产品开发框架体系是汽车行业在产品创造方面建立的以项目管理为主脉络、以质量控制为核心的质量保障体系。它由G13～G0这14个项目节点组成，由项目质量经理对每一项目节点进行管控，发现的任何质量问题未经项目小组过阀评审达标，不可过阀。

如图5.2所示，汽车行业的供应商质量管理体系是从项目管理的角度，依据整车产品开发过程中不同节点需要完成的项目目标，建立了子项目节点，由不同的职能部门人

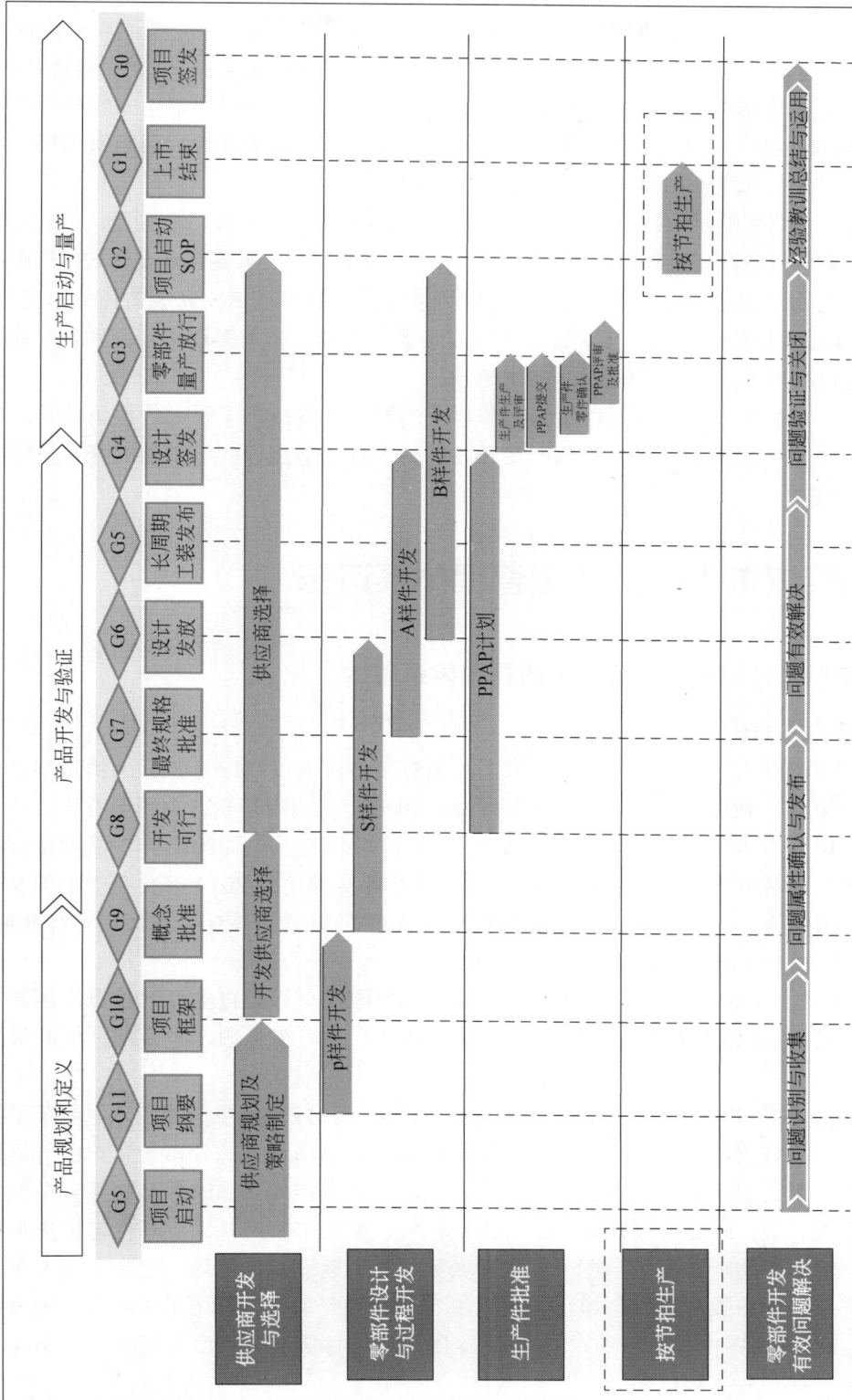

图 5.2　产品开发流程

员来扮演项目子经理的角色。

首先，汽车产品开发框架体系依据车型开发的时间顺序可分为三个阶段：产品规划和定义，产品开发与验证，生产启动与量产。在产品规划和定义阶段，产品营销团队通过数据收集和市场调研，对计划开展的车型项目进行立项启动和申请，完成项目纲要和项目框架的编制，通过对启动的车型项目的调研数据和结果的分析，明确新车型销售对象、价格区间，开展新车型的研发和投入，进而建立项目小组。

其次，按照采购零部件的管理要求，将管理活动分为五个阶段，分别是：供应商开发与选择，零部件设计与过程开发，生产件批准，按节拍生产，零部件开发有效问题解决。

最后，为了细化产品质量保障体系，明确各阶段、各节点需要完成的任务和交付物，识别了 24 项关键任务，建立了关键任务与管理职责矩阵。将关键任务分派到各个职能部门相关人员身上。

综上，汽车产品开发框架体系为汽车行业的整车开发提供了强大的理论依据，将职能部门按照项目管理的方式放置到产品开发的整个过程节点中，为车型的开发提供了有力的体系保障。

5.2　FT汽车供应商质量管理体系运行[①]

5.2.1　FT 汽车基本情况及供应商管理体系现状

1. FT 汽车简介

FT 汽车成立于 1996 年，1998 年在上海证券交易所上市；1999 年轻卡销量排名全国第一；2000 年产业区位调整，总部迁到北京；2009 年，商用车累计总销量首次位居全球第一；2010 年与德国戴姆勒奔驰合资成立了 FT 戴姆勒工厂；到 2016 年，品牌价值超过千亿。随后，独立的第三方品牌评审机构世界品牌实验室于 2019 年发布"中国 500 最具价值品牌"排行榜，FT 汽车以 1 528.97 亿元排名第 34 位，位居全球商用车行业第一，连续多年领跑商用车行业。

FT 汽车经过 20 多年的积累和沉淀，成长为中国汽车行业自主品牌和自主创新的中坚力量。目前 FT 汽车有整车制造、核心零部件生产、汽车金融、车联网、电商等领域业务。

FT 汽车的汽车业务主要有四大生产基地。广东佛山皮卡车生产基地，主要车型品牌是拓陆者，它有汽油和柴油两种动力车型的配置，可以满足大部分市场客户由气候原因所产生的用车需求。山东潍坊商务车生产基地，主要生产风景和时代品牌系列车型，全面覆盖了大、中、小商务车市场。山东诸城轻卡、中卡车生产基地，不仅可以满足城市中高端运输卡车的市场需求，还可以兼顾城际、城郊运输卡车市场。北京市重卡车生产基地，有牵引车、载货车、自卸车、专用车等 200 多个车型，开拓了 800 多家国内外经销商、3 400 多家国内外服务站、2 000 多家国内外配件店，销售服务网络遍布全国。集

---

① 本案例主要参考《基于物联网技术的 FT 汽车供应商质量管理体系改进研究》（2023，吴向东）。

团总部和工程研究院均位于北京。

2. FT 汽车供应商质量管理体系现状

FT 汽车供应商管理业务主要集中在集团总部的采购管理本部和各个生产基地的工厂质量人员。采购管理本部为各个生产基地的零部件采购提供了先期质量策划管理、生产件批准、供应商体系优化等主要质量管理业务。各个生产基地的供应商管理人员主要负责商改产品二次开发、整车量产质量问题处理和售后数据支持等业务。

FT 汽车从 1996 年成立至今，发展迅猛，2 年完成上市，3 年轻卡销量跃居全国榜首，8 年完成 100 万辆车的生产销售，13 年商用车累计销量位居全球第一，15 年完成 500 万辆的生产销售，20 年品牌价值超过千亿元，24 年冲击商用车累计销量 1 000 万辆。FT 汽车快速地发展，迅速成长为全球性的大企业。无论是由小到大的百家法人造 FT，还是商用车全系列发展战略，再到全球化战略合作，FT 汽车发展壮大的历程都值得我们深入学习。

面临新的竞争环境，FT 汽车与时俱进，早一步布局了车联网、智能化管理平台、质量问题分析处理平台、OA（办公自动化）软件平台等互联网软件平台，促进了公司内部各个部门的沟通交流和信息共享，极大地提高了工作效率。虽然 FT 汽车的精益化制造、产品创造流程、智能制造等理念相继推出，并逐步在企业生产运营过程中得到运用，使 FT 汽车及其体系内的零部件供应商支流管理水平有了大幅度提升，但是同大多数制造企业相同，FT 汽车也有着管理问题。通过对 FT 汽车供应商管理工程师、体系管理工程师、采购管理工程师以及供应商管理者代表等相关人员的走访和电话沟通，分别从供应商库存管理、供应商过程质量管理、供货份额比例等方面进行调研（因具体内容涉及企业机密，仅对分析结果进行总结），收集了某车型的动力底盘零部件的 46 个模块化平台、供应商处库存的备货天数、供应商零部件出厂合格率、量产一年后首次开发供应商仍作为零部件供应商提供的零部件数量。通过数据整理发现存在以下问题。

1）FT 汽车现有供应商管理体系

FT 汽车现有供应商管理体系，一是指管理对象，主要是体系内的零部件供应商，除此之外，因新技术、新工艺、新产品的引进，还会有部分体系外的供应商的开发等；二是指管理工具和方法，包含供应商关系管理系统、零部件质量问题处理系统、设计图纸方法系统等管理平台，以及相关技术图纸和技术文件等；三是指管理的内容，如供应商变更管理等。

FT 汽车自成立以来，供应商规模逐年以指数型增长，截至 2023 年 12 月已有供应商 520 余家，包含：早期创业后跟随的中小型供应商，中期发展过程中通过合资、并购、参股等方式加入的部分供应商，以及国内汽车零部件主流企业的大多数供应商。FT 汽车建立了供应商关系管理平台，它是连接 FT 汽车和上游供应商的联系平台，加强了整车厂与供应商之间的紧密伙伴关系，并通过建立 FT 汽车与供应商之间的这种新型供求关系，来推动和实现双方资源整合，凝聚起行业的竞争优势，使 FT 汽车与供应商一起成长，共同开拓市场，节约库存及运输成本，实现双赢的企业管理模式。同时该管理模式能够以多种信息技术为支持和手段，将电子商务、数据挖掘、协同技术等信息技术紧密集成，为企业产品的战略性规划、采购资源的获取、合同的有效治谈、产品内容的统一管理、采购库存业务的高效开展等提供了一个持续改进的平台。供应商关系管理平台的功能如表 5.2 所示。

表 5.2   供应商关系管理平台的功能

功能模块	功能项		实现的作用
（一）基础信息互动	供应商信息管理	供应商信息管理	建立工厂与供应商之间基础信息的透明途径，加强互动
		供应商信息修改申请	
	价格管理	密码修改	
		价格确认	供应商可明确自家零部件的价格，系统根据供应商确认的价格进行入库单价格匹配
		价格查询	
	公告管理	公告信息发布、查询	供应商可以第一时间查询工厂下发的通知
（二）采购协同	生产计划管理	月计划查询	供应商可以方便快捷地掌握工厂的各种生产计划，更有效地保证及时供货
		周计划查询	
		日计划查询	
	采购订单管理	月订单查询、确认	供应商可以方便快捷地获取采购部下发的月、日采购订单，依据采购订单制作发货通知，与工厂物流管理部门建立高效的互动关系，使发货与接货更迅捷，使物流更敏捷，并将订单的执行情况公开化
		周订单查询、确认	
		日订单查询、确认	
		发货通知管理	
		采购订单执行管理	互相监督
	入库单管理	入库单查询	供应商可以查询已开入库单的状态（可开发票、已确认、已对账、已开发票等）
		持确认入库单查询	
		可开发票入库单管理	
	库存管理	场内库存查询	租用场外库的供应商可以掌握存放在场外库自家零部件每天的库存信息，并使工厂对供应商的供货能力进行实时掌握
		第三方物流库存查询	
		供应商库存管理	
（三）电子对账	入库单管理	入库单发布、查询、驳回	供应商可以查询所开入库单的信息，并可监控到入库单的状态（可开发票、已开发票、已对账成功。发票已认证、已结算）
		差额入库单管理	
		单据状态查询	
	发票管理	发票信息上传	供应商根据可开发票入库单开发票，工厂商务科根据电子发票进行采购对账，提高了对账效率，减少了供应商往来工厂的频次
		发票信息查询	
	对账管理	采购对账	
		对账结果查询	
		往来账查询	
（四）业务统计	采购执行统计	供应商供货额统计	统计一段时间内供应商在各工厂／事业部的供货总额
		零部件供货量统计	统计一段时间内某零部件在各工厂／事业部的采购总额
		发交系数执行统计	统计一段时间内各工厂／事业部发交系数执行情况
	付款统计	付款执行情况统计	统计各工厂／事业部每月的付款执行情况
		扣款执行情况统计	统计各工厂／事业部每月的扣款执行情况
		价格执行情况统计	统计各工厂／事业部价格的执行情况

2）FT 汽车现有供应商变更管理

为了适应市场多变的需求，FT 汽车研发团队需要根据市场售后问题反馈及时升级和调整整车零部件的状态，这就产生了较多的设计变更。为了保障新、旧状态零部件的及时替换，需要适当控制变更过渡时期的零部件数量。同时为了提高零部件入厂合格率、降低库存成本，FT 汽车推行了精益化制造活动（FPS）。

FT 汽车推行的精益化制造活动，主要关注供应商零部件状态和零部件入厂合格率。在变更后的零部件交付前，生产前线边的库存和区域配送中心的配送周期为当日送达和"7+3"库存管理，降低了工厂生产前线边库存的零部件数量。因为 FT 汽车在供应商关系管理平台中订单下发的采购周期一般是 15 天，供应商为了满足订单周期要求，需要提前做好生产计划和库存储备工作。若在这期间发生设计变更，零部件变更控制的范围将覆盖以上所有区域，届时会产生一些零部件状态交错的情况。

精益化制造管理要求的推进，解决了主机厂零部件供货及时性的问题，又降低了主机厂库存压力，同时通过供应商关系管理平台将库存管理信息分享给供应商，让供应商能够提前做好安全库存管理。但在执行过程中，由于系统中采购订单下发存在滞后性，通常会采用线上、线下相结合的方式进行订单管理，供应商为了满足整车厂开发管理要求，通常会通过以下三方面进行管理改进：第一，缩短零部件产品生产周期，提前采购所需原材料，从而缩短产品生产制造周期；第二，做好库存储备，提前配备 1~2 个月库存（不同类型产品的供应商有所差别）；第三，提高周转率，在主机厂周边寻求第三方库存，以便及时与主机厂区域配送中心完成零部件的流转和交付。

3）FT 汽车现有供应商开发管理

FT 汽车现有供应商开发管理是遵循 TS16949 质量管理体系要求，基于产品开发框架体系（FCVDS）要求，对供应商实施的以项目节点为阶段的全员参与的供应商管理体系。供应商管理业务需要在整车项目 G2 节点前完成供应商供货零部件的 26 项 PPAP 交付物。PPAP 提交文件内容与要求如表 5.3 所示。

表 5.3　PPAP 提交文件内容与要求

序号	PPAP 文件名称	文 件 内 容
1	可销售产品设计记录	数模、图纸、技术协议、试验大纲
2	零件材质报告	供应商的分供方也通过 IMDS（国际材料数据系统）向供应商提交了材料信息
3	产品工程批准的工程更改文件	设变通知单
4	顾客批准的零件工程认可报告	OTS 认可报告
5	DFMEA	设计 FMEA（潜在失效模式分析）、产品特殊特性清单
6	工装模具清单认可报告	工装模具清单和状态
7	检具清单及认可报告	检具清单和状态
8	测量系统分析（MSA）	MSA
9	匹配评估批准报告	主机厂出具的 AAR（外观件批准报告）
10	材料及分供方清单	列出所有材料及分供方清单，对于重要分供方（如核心零件、热处理、表面处理供应商），还需 FT 汽车认可
11	场地平面布置图	平面图上需清楚描述出产线、工序、设备、区域名称、物料流向等信息
12	物流包装说明	产品内外包装标签的要求
13	过程流程图（包括设备清单）	过程流程、过程特殊特性清单、关键工序清单
14	PFMEA	过程 FMEA
15	控制计划	样件控制计划、试生产控制计划、生产控制计划
16	尺寸测量计划	全尺寸测量计划
17	实验室认可文件	国家、行业或主机厂认可的实验室认证文件

续表

序号	PPAP 文件名称	文 件 内 容
18	零件材料检验报告	材料试验报告
19	零件性能检验报告	材料试验报告、性能试验报告
20	样板、样件接受检查确认表	主机厂认可的用作标准比对的生产件样品
21	尺寸测量报告	全尺寸检查报告
22	初始过程能力	CPK（过程能力指数）、控制图
23	生产过程评估	生产能力达到报价时的生产节拍要求
24	生产件样品及标准样品	取自重要生产过程的生产件样品
25	符合 FOTON 特殊要求的记录	APQP（产品质量先期策划）过程中的项目问题清单和装车问题清单和整改状态
26	零件提交保证书（PSW）	PSW

整车厂对 TS16946 质量管理体系的要求，让所有供应商均需申请并通过 TS16949 认证机构的认可，具备质量体系保障能力。所有供应商需要：第一，申请 TS16949 质量管理体系证书，做相关质量手册及流程文件；第二，按照主机厂的要求使用先期质量策划、生产件批准、潜在失效模式分析、过程能力研究、测量系统分析等质量管理五大工具；第三，生产制造现场 5S（整理 seiri、整顿 seiton、清扫 seiso、清洁 seiketsu、素养 shitsuke）管理优化；第四，按照产品开发框架体系的要求和项目节点提交开发过程交付物。

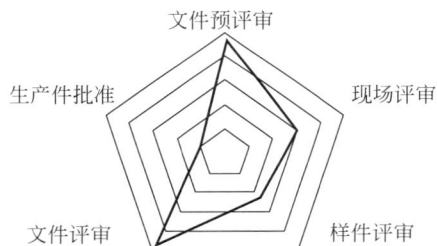

图 5.3　PPAP 批准过程汇总

PPAP 文件要求是对供应商整个开发过程的总结，能够体现供应商在产品开发阶段的质量水平，目前 FT 汽车对 PPAP 生产件批准过程的要求主要分为四个阶段：PPAP 文件预评审，PPAP 现场评审，PPAP 样件评审，PPAP 文件评审。基于每次评审的结果对零部件进行正式认可和批准。PPAP 批准过程汇总如图 5.3 所示。

4）FT 汽车供应商质量体系化管理

和大多数主机厂一样，FT 汽车建立了自己的供应商体系，将所有的合格供应商纳入体系化管理，按照其行业水平、供货产品类型、供货能力、质量保障水平、价格水平等方面对其进行分类管理。每当有新车型和平台车型的升级改造时，会优先从自己的供应商资源池中选取体系内的供应商进行同步开发。

在新产品开发和商改布点过程中，都需要经过供应商质量体系评审、PPAP 文件批准。两者的不同点在于，新产品开发需要按照产品开发框架体系要求，从 G6 到 G2 节点经过完整的 APQP 开发过程，最终实现 PPAP 的批准；而商改布点产品缩减了 APQP 的开发过程，通过台架试验、首件 5 台份、小批量 30 台份试装完成 APQP 开发过程，进而开展 PPAP 批准，实现量产。

表 5.4 列出了供应商质量体系评分准则的要求，需要根据供应商质量文件及生产现场状态评审结果进行评分，并提出改进方案，按照得分纳入供应商资源管理库中。供应商质量体系评分准则及评分矩阵要求如表 5.4 和图 5.4 所示。

表 5.4　供应商质量体系评分准则

评分	符　合　性	有　效　性
0 分	无任何管理要求	随意作业
2 分	有口头传递管理要求	口头要求可以指导生产活动
4 分	有简单书面管理要求	书面要求可以指导部分生产活动
6 分	有正式发布的作业指导文件和记录表单	作业文件能够指导部分生产活动，记录表完整填写
8 分	作业文件包含了所有产品和过程特性控制要求及其记录表单	作业文件能够指导全部生产活动，记录表单能够用于数据分析
10 分	操作者完全理解供应商作业指导书管理要求，并如实填写记录表单	数据分析结果能够指导生产活动持续改进

新产品开发过程中，开发供应商的选择很大程度上决定了新产品的质量状态表现，图 5.5 为新产品开发质量策划时间 - 成本关系。FT 汽车在新品开发过程中会选择行业内中高端水平的供应商进行开发设计，使得新产品车型在外观、功能、性能等各项指标方面赶超标杆车型。但是新品开发完成后，根据上市车型的销量，FT 汽车会逐步调整车型配置参数，同时对多种零部件开展商品改造即二次布点开发，引入多家供应商进行供货。

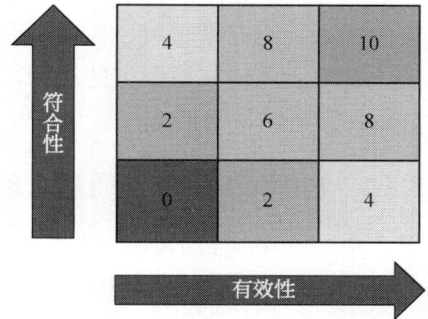

图 5.4　供应商质量体系评分矩阵要求

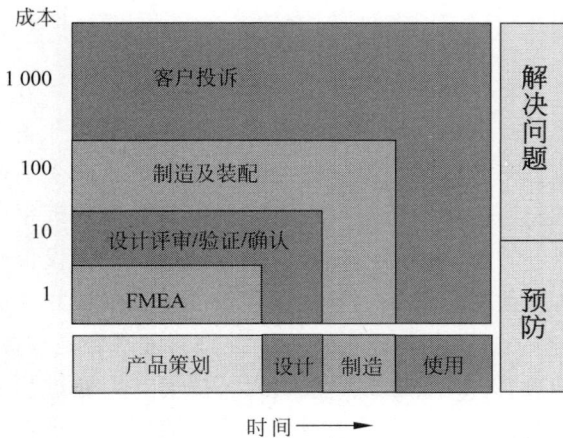

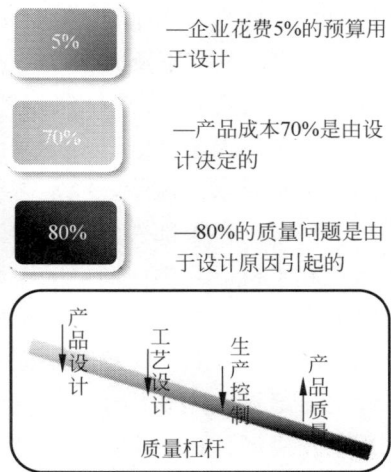

—企业花费5%的预算用于设计

—产品成本70%是由设计决定的

—80%的质量问题是由于设计原因引起的

图 5.5　新产品开发质量策划时间 - 成本关系

产品创造和商品改造在质量管理流程上虽然存在着差异性，但开发过程管理的初衷都是遵循新产品开发质量策划时间 - 成本关系的要求，将产品开发策划、设计、制造放在使用前，通过验证过程的完整性来充分暴露问题，在最终用户投诉前使问题得到有效解决。

首先，产品创造和商品改造所处市场阶段不同，决定了其质量管理成本的差异性。在产品创造阶段，要求对产品的功性能做较大的提升，需要对其卖点进行适应性匹配、功能性验证、小批量市场验证，让产品在某些领域的卖点更具竞争力。商品改造是为了短时期内追赶同类市场竞品，通过新技术引入的产品升级、同类产品替换的降本，让车型在短期内具备与竞品竞争的局部优势，进而提升车型竞争力。

其次，产品创造和商品改造所生产车型市场定位一致性，决定了其质量投入成本的差异性。在产品创造阶段，车型的市场定位决定了车型的配置、技术状态和各项指标要求与竞品和标杆产品的差异性，为了保证赶超竞品和标杆产品，需要进行全面的测试、验证。商品改造阶段是对同定位车型的配置进行微调、修正，解决该车型在市场上已发生的问题。

最后，产品创造和商品改造所需质量管理成本的递减性要求，决定了其质量管理投入的差异性。在产品创造阶段，车型研发和试制的质量管理成本是经过项目预测、评估后的投入，确保新车型投入市场后获得预期的收益。商品改造是在项目启动之初规划的质量管理成本递减原则下的产物，所以投入和产出比的不同，导致了两者质量管理的差异性。

5.2.2 FT汽车供应商质量管理体系存在的主要问题

从上文中可以看出，目前FT汽车有着先进的管理理念和应用技术，在其引领下，FT汽车连续多年占据商用车市场龙头地位。不可否认，引入先进管理理念为FT汽车的发展壮大注入活力，但同大多数制造企业一样，变更管理不完善，供应商质量控制水平参差不齐，量产后产品质量水平明显下降。究其深层次原因，在业务工作的具体执行层面都面临一系列的管理问题，具体如下。

1. 与供应商共享不及时

我们经常会听到供应商抱怨，设计变更频繁，刚生产出零部件，就接到了设计变更通知，需要重新调整产线，一旦设计变更发生在淡季和旺季的过渡时期，就存在备货量无法满足装车要求的风险，经常需要加急物流。但这仅仅是问题的表象，其产生的根本原因在于整车厂和零部件供应商的生产计划信息不对等。现有的供应商关系管理平台并不能担负起主机厂和供应商之间沟通平台的桥梁作用，在具体执行过程中，它仅仅作为双方财务数据结算的对账平台，未能达到预期的效果。与库存和生产计划制订相关的内容实际未能在平台上呈现给供应商（值得一提的是，目前供应商关系管理平台是收费的，供应商需要缴纳使用费用于平台建设和维护），还是工厂采购人员提前一周通过预估数量人工下发生产订单给供应商，供应商收到实际业务需求量信息后，将其录入供应商关系管理平台。

首先，设计变更的通知，通常以邮件的形式由设计部门传递给采购人员，最后转发给供应商，这就存在一定的滞后性。而供应商管理业务中，订单管理是由工厂采购部门根据生成的市场订单，定期下发给供应商生产交付订单。为了保证市场订单交付及时，也为了减轻主机厂库存压力，FT汽车厂采用周度生产计划滚动管理，下发订单给零部件供应商的数量会增多，交付周期会缩短，也就导致当供应商接收到设计变更通知后，零部件已经完成较大数量的生产备货。

其次，供应商实际生产计划量要远大于主机厂下发订单数量，进一步提高了零部件变更发生后的状态切换管理难度。

再次，主机厂为了保证生产线不缺货，人为下发订单的时候，会提高库存安全系数，又进一步提高了变更前后零部件状态切换的难度。例如，市场需求量是 10 个，订单下发量会上浮 20%～50%，供应商收到订单后，为了保证供货及时，也会上浮生产订单数量 10%～30%，这就造成了生产计划的蝴蝶效应，使最终生产的产品远远大于产品需求量，产生了库存和成本的双重压力。

最后，从供应商库存备货周期的调研数据可以看出，供应商备货库存平均时间是主机厂要求的 1.33 倍，意味着如果发生了设计变更，变更切换完成的周期将增加近 1 倍的时间。虽然满足了主机厂的要求，但是给供应商带来了一定的库存压力成本。具体汇总数据如图 5.6 所示。不同类型的模块化零部件供应商，面对同样的订单环境，备货周期也存在着差异，如发动机模块、前后桥、制动系统泵阀类等物料备货周期较短，而转向、制动辅助类零部件、管路接头、冲压件、铸件等物料备货周期较长，这就需要在供应商管理工作中，工程师根据供货零部件产品特性调整变更管理模式，提前告知供应商变更要求及预订时间，而不是等变更完成后被动地通知供应商。

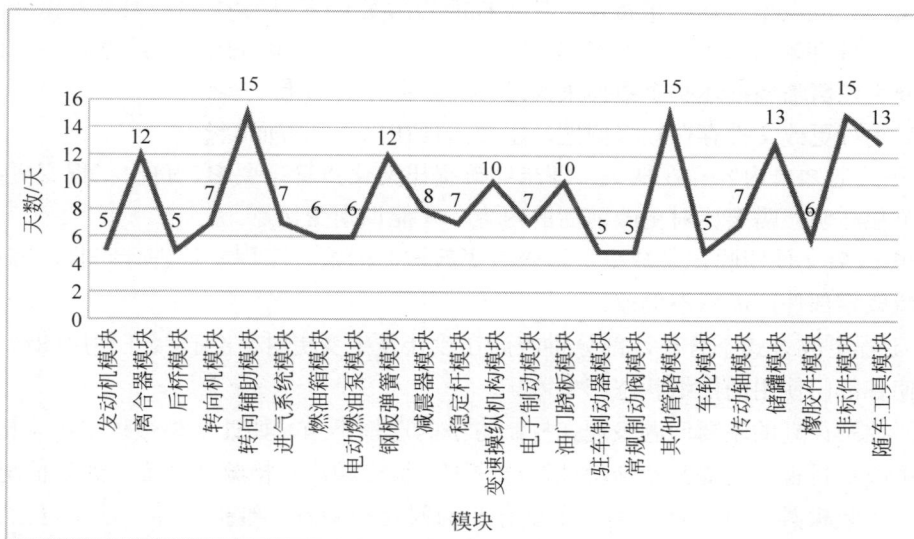

图 5.6　零部件模块备货天数

综上，供应商关系管理平台运行未能解决供应商和主机厂生产计划信息不对等问题，每当设计发生变更后，就会产生较多数量的库存过度问题，间接导致供应商为了满足整车厂供货需求，适当增加原材料的库存储备，同时也增加了供应商在制品和成品的库存储备，使其面临一定的成本压力。

2. 供应商的零部件质量控制不到位

在供应商实际生产过程中，供应商零部件的质量控制规范往往与其实际生产过程存在或大或小的差异性，即未按照先期质量策划的要求开展工作。为了进一步调研供应商对 PPAP 文件的执行情况，收集了 FT 汽车 64 位供应商管理工程师对供应商 PPAP 文件评审的结果提交内容的有效性意见，按照评审项目的问题反馈数量对其汇总后，发现存在以下问题。

（1）测量系统分析的测算，需要选取合适的测量系统，如计数型测量系统需要采用卡帕分析方法，大多数供应商仅提供了计量型测量系统分析数据，同过程能力研究相同，供应商并不能清晰描述测量系统选取的原因、数据采集的过程要求、数据分析的结果、数据的指导性意义，如 EV、AV 和 PV 分别代表的是测量设备误差、测量人员误差和零件误差等。

（2）符合顾客特殊要求的记录，在 FT 汽车主要指的是 APQP 过程中发现的问题清单、整改记录及结果。但大多数供应商无相关记录，或相关记录保存在少数人手里，无法进行系统的应用管理。

（3）DFMEA 文件，大多数供应商管理工程师认为，供应商的 DFMEA 文件仅作为文件进行了管理，未能收录实际供货过程中发现的失效模式，且对失效模式分析的严重度、频度、可探测度未经过多功能小组的头脑风暴法等进行评价，甚至还存在不同零部件之间的挪用、滥用现象。

（4）过程能力分析（SPC）的测算，需要根据产品特殊特性清单，选取特性后进行数据收集，一般汽车厂均要求特殊特性过程能力满足 CPK 大于 1.33，但多数供应商管理工程师在文件评审阶段发现，供应商提交的过程能力研究报告数据一致性较高，而实际该供应商不能清晰地描述整个数据采集过程和数据分析结果。

（5）工程更改文件存在较多问题，主要表现在以下几方面。

① 更改通知单内容存在缺失，即未明确提出变化点管理要求，每次工程变更前后的状态为单独注明，需要比对更改前后的内容，才能识别变化点。

② 更改后文件回收记录缺失，即未对更改前的图纸及工程文件进行回收，容易产生混淆，造成零部件产品状态偏差。

③ 工程更改方式不合理，部分供应商在设计发生变更时，会直接在使用图纸上进行画改，使各部门使用的图纸状态产生差异。

（6）控制计划的主要问题表现在控制方法的选择不当，如计量型数据采用全检方式，但控制手段是目视化；提升特殊特性符号缺失，检测频次与检验计划不一致等情况。

（7）工装模具检具管理方面，主要存在的问题是验收、维护保养、使用寿命管理等方面，未建立台账进行管理，或台账与记录缺失，或检测项目未关注客户要求。

（8）标准样品管理，TS16943 质量管理体系要求在工序存放标准样件和极限样件，但实际大多数供应商生产现场无标准样件，最多会有标准样件照片及典型失效照片展示。

综上，供应商在各种流程文件、作业记录的实际使用过程中，存在以下三种问题：①流程文件规定的作业规范要求，实际操作者并未执行；②流程文件的作业规范要求不具备执行能力；③作业记录内容多，操作者随意填写。因此供应商质量体系审核和 PPAP 过程审核中，经常遇到流程文件管理要求和实际执行过程不一致的情况，使管理文件、记录与实际生产过程不一致，质量管理记录无法反映真实的实际生产过程，质量数据分析结果无法指导生产过程等问题。

3. 供应商体系化管理方式不完善

产品开发框架体系和商改二次开发产品的路径不同，会对供应商的供货积极性产生影响，甚至影响最终产品的售后满意度。

通过对工厂量产一年以后的某车型进行调研，在动力底盘零部件供货的 46 个平台化模块中，有 69.56% 的量产供应商和新品开发供应商不一致，即有多点供货的情况，反映到产品开发流程上，即存在商改二次开发的情况，如图 5.7 所示。

通过卡思调研对国内商用车售后满意度评分，可以发现 FT 汽车的两种车型，大客车，由于近年未进行新品开发升级，满意度评价得分呈现逐年下降趋势；重卡车型，2016—2019 年陆续有新车型平台投入市场，如 H5、H6 等，在量产后满意度呈现波动趋势，如图 5.8 所示，产品开发和商改二次开发阶段，会对售后满意度产生影响。

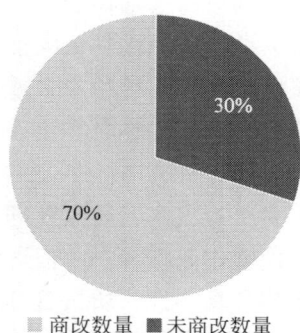

图 5.7 量产零部件布点占比

图 5.8 CAACS 卡思售后满意度评价得分

首先，商改二次开发流程给了供应商"弯道超车"的机会。在产品开发阶段，供应商需要经历潜在供应商评审、开发供应商的设计及过程开发验证、生产件批准、量产供应商供货系数的确定，前前后后需要经历两年时间，最终成为量产供应商。这样的供应商一般都是研发能力强大、综合能力在行业排名靠前。而商改二次开发验证，需要经历产品试验验证、首轮、小批量、市场售后满足 3 个月千台故障率（IPTV3）质量目标要求才可成为量产供应商正式供货。相比前期投入较大的供应商，在后期量产阶段，容易被商改二次开发产品的供应商在极短时期内抢占供货份额，进而降低其参与产品创造的原动力。

其次，商改二次开发的零部件必然会降低终端客户的满意度。从新产品开发质量策划的时间和改进成本上来看，越早发现的问题，在设计初期越能通过较小的投入变更来解决问题；相反，后期发现的质量问题通过更换制造供应商来进行改善，必然会导致较高的客户投诉。故商改二次开发产品的供应商是通过降低最终客户满意度完成开发的，零部件通过台架试验验证合格后，直接搭载整车进行了验证，虽然短期内达到了降本的目的，但最终必然会影响整个车型的市场售后满意度评价结果。

最后，商改二次开发影响新车型的开发成本。经历了一次产品创造开发流程后，体系内供应商对商改二次开发的过程会产生较大抱怨，降低供应商对新车型开发的积极性。因为产品创造的开发供应商均来源于供应商资源池中同类零部件排名靠前的供应商，其参与性降低，会直接影响后期新车型开发的成功率。

综上，产品开发和商改二次开发流程的差异性会影响最终客户的满意度，在实际供应商管理活动中应当加以控制。

5.2.3　FT 汽车供应商质量管理体系问题的原因剖析

精益化制造、产品质量保障体系的推行给 FT 汽车带来了巨大的变革，让企业快速解决了内在的压力，轻装上阵，短短几年间快速占领了行业领先地位，但不可否认新制度的运行过程也产生了一些新的管理问题。

首先，整车厂精益化生产压力向下游供应商转移。随着主机厂自备采购零部件的库存压力的转移，此类成本逐渐转移到下游供应商，使供应商不得不增加库存，承担原材料、在制品和成品库存，以及第三方物流中转库存的压力成本。精益化制造的运行，使入厂检验环节得到了极大的缩减，这就要求供应商管理进一步提高供应商零部件的入厂一次合格率，对供应商的生产制造环节提出了更高的管理要求。主机厂精益化制造的推行，对供应商包装物流也是很大的考验，如果包装物不能有效保护产品、不能适应多重物流中转的压力，必然会产生或多或少的外观件质量问题，供应商也会面临临时物流调整后的物流运输成本的增加。

其次，供应商生产过程质量数据采集方式的落后产生了较多的质量成本。质量管理体系要求对每个活动过程制定作业指导书，如操作作业指导书、检验作业指导书，但过多的记录不仅增加操作者的工作量，而且记录的填写和传递也影响其真实性。质量管理的流程文件规定的传递往往是通过纸张和培训的方式进行宣传，不同的操作者对质量管理流程文件的理解不一致，记录和质量管理要求存在偏差，不能正确反映产品的真实质量状态。管理者通常采用离线或在线培训的方式进行管理，但往往不能杜绝此类情况的发生。作业指导文件是管理者做出来的文件，未能深入生产现场，从生产者的角度看待问题，导致做出来的文件不具备执行能力。各种质量数据目前是通过员工自检、质量人员过程巡检、产品出厂前检测完成。这就要求操作者、质量人员具备数据采集和正确记录数据的能力。虽然可以通过测量系统分析对测量系统的稳定性进行评价，但不同记录人员的数据，收集和整理需要耗费较多的时间来完成，极大地降低了完成效率。质量人员需要将纸版文件记录转化为电子版，并按照质量管理工具的要求，输入相关数据，才能得到过程质量控制管理的结果，具有天然的滞后性。质量数据收集后的数据分析结果不能反映生产实际情况，从而得到有效和充分的利用。质量数据的收集和整理过程复杂，追溯性较差，当数据存在错漏后，无法反映实际生产状态，会产生瞎指挥、乱指挥、帮倒忙的现象。质量数据的采集、处理、分析、使用等手段的落后，直接关系到质量管理体系的落地实施，是质量管理文件和实际执行情况不一致的根本原因。因此，质量数据的采集、记录、分析方式变得尤为重要。

最后，零部件采购的提效降本，必然会导致质量管理流程的差异性。整车厂采购零部件的年度降本一直是采购件管理的应有环节。产品开发框架体系必然随着车型的上市，逐年回收质量成本，产品上市越久，可用质量成本越低。商改二次开发质量管理流程简化了产品认证过程，也是为了降低质量成本，用低成本的质量管理投入，换取可能存在的市场占有率的上升。商改二次开发的质量管理流程，给了部分供应商"弯道超车"的可能，让部分供应商在车型量产后，短期内获得较大的供货额度，甚至压缩了开发供应商的供货份额。商改二次开发的产品完成验证后，必然会对原先车型产生影响，因其迫于成本压力，台架验证和短周期的搭载验证不充分，售后中长期质保期内的质量问题明显增多，市场售后满意度明显下降。

5.2.4　FT 汽车供应商质量管理体系的改进方案

在互联网信息时代，信息传递和交流都是通过互联网来进行，随着传感器技术、无线传输系统、智能化控制系统、电子标签技术等物联网技术的发展，智能化工厂陆续在全球得到应用。为了进一步提高企业内部信息收集和传递的效率，降低信息使用成本，提高劳动价值转化率，让企业运营和管理的对象变得更加简单有效，物联网技术应用已成为企业必然的发展方向。

1. 基于射频识别技术的供应商变更管理改进

物联网技术应用带来的不仅是信息采集技术的革新，也是信息传输、处理技术的革命。作为整车厂和供应商两个主体，也需要通过物联网技术实现沟通和交流。

首先，需要建立整车厂和零部件供应商设计变更与生产排产计划信息互动的共享平台。可基于现有的供应商关系管理平台进行拓展延伸。在采购订单下发给供应商的时候生成物料编码并授予电子标签，供应商按照物料编码信息安排排产计划，并对产成品赋予电子标签。如图 5.9 所示，当物料在供应商仓库、运输途中和三方物流仓库办理出库与入库的时候，双方都可以利用电子标签读写器读取物料信息，并自动将信息输入系统，然后生成出货单、过程转运记录和入库单。同时也可以将产品质量检测数据录入系统，便于质量追溯和管理。

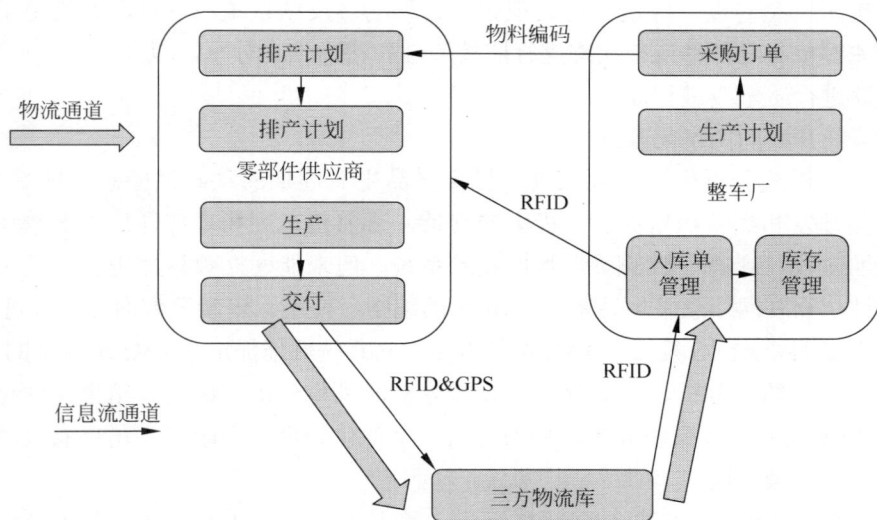

图 5.9　基于电子标签的采购业务流程

其次，通过电子标签读写器的安装和使用，实现需求量预测。整车厂可以在营销团队处设置电子标签读写器，对产生的订单进行实时提报和预测提报，如图 5.10 所示。将电子标签读写器安放到供应商仓库、三方物流仓库、整车 RDC 库、整车成品库，便于实时统计零部件、整车库存状态，从而根据实际需求信息和库存信息比对结果，制订合理的补货计划。

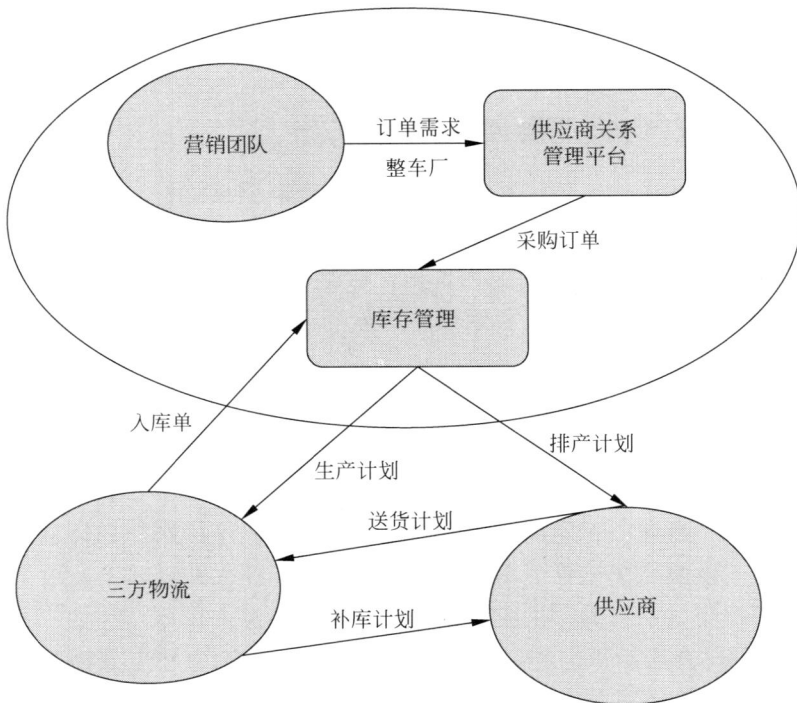

图 5.10　基于电子标签的库存管理

最后，在质量数据共享方面，需要搭建交流沟通的共享平台。供应商通过 Zigbee 局域网建立电子信息看板、数据分析处理中心、移动端反馈系统。主机厂通过电子标签射频技术对关键核心零部件运行状态进行监控管理和售后信息分享，以及时反馈质量问题，督促供应商进行质量改进和提升。

2. 供应商开发的网络化改进

潜在失效模式分析作为五大工具中贯穿产品生命周期的动态经验总结的数据信息，为整车产品开发和经验积累提供了极大的支持，目前整车厂和零部件厂大多数还停留在理论和纸面阶段，或有零散的质量数据收录系统，但未能建立数据库进行管理和数据挖掘。本章结合物联网信息采集技术对 FMEA 的编制、使用、更新等方面提出改进意见。

2019 年 5 月，AIAG 发布了 FMEA 第五版，它系统性地提出了 FMEA 成文的七步法，即策划和准备、结构分析、功能分析、失效分析、风险分析、优化、结果文件化。新版文件将 FMEA 成文分成系统分析、失效分析、文件化管理三个阶段，与现有设计流程相结合，更具有可操作性。

首先，系统分析阶段依据 5T（团队 team、培训 training、工具 tools、技术 technology、跟踪 tracking）原则，采用了边界框图、过程框图等方法识别项目适用范围，再采用产品设计开发常用的 PLM（产品生命周期管理）系统一致的结构树方式，将 FMEA 和设计文件系统关联，使其成为设计文件和过程文件的一部分。系统、功能结构树分析如图 5.11 所示。

其次，采用头脑风暴法对潜在失效模式、后果、原因和机理进行识别，然后使用德尔菲法（图 5.12）对失效模式的严重度（S）、频度（O）、可探测度（D）的评价进行相对客观的总结和运用，让停留在纸面的 FMEA 活跃起来。

整车系统 → 子系统1 → 组件1 → 零件1

子系统1 → 组件2 → 零件2

整车系统 → 子系统2 → 组件1 → 零件1

子系统2 → 组件2 → 零件2

系统结构

功能 → 子功能1 → 组件 → 零件　功能网

影响 → 失效 → 原因　失效分析网

严重度

预防措施　风险评估

发生评级

检测发现措施

AP优先级：S，O，D → 检测发生评级

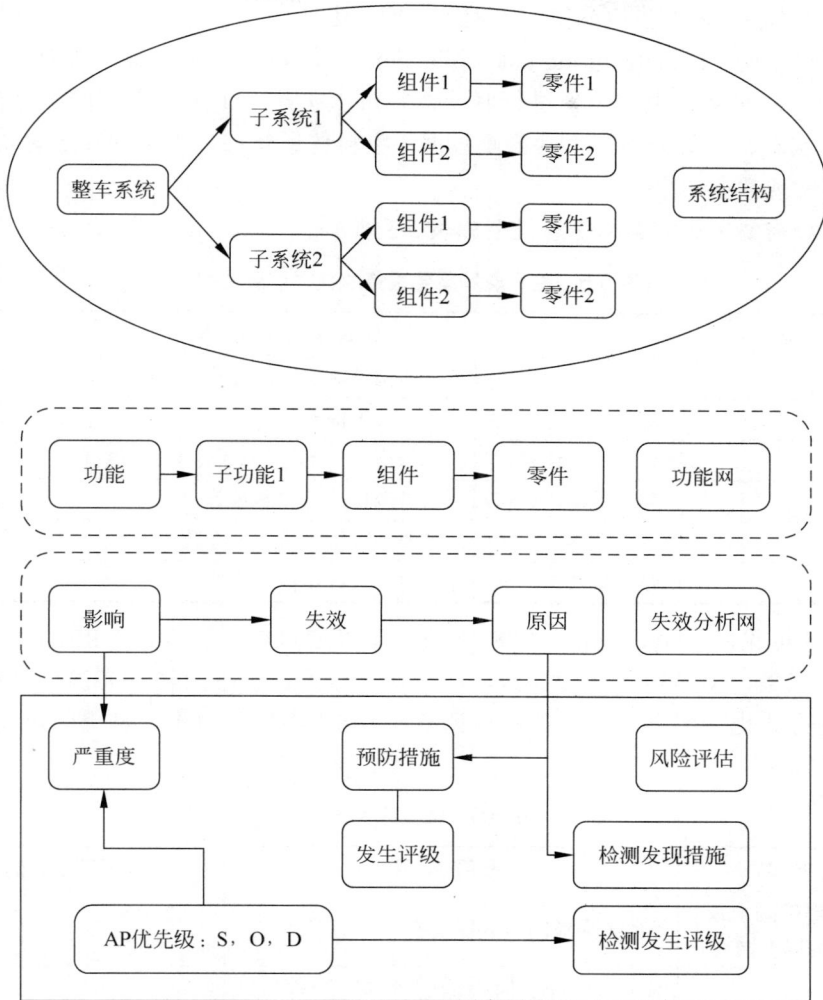

图 5.11　系统、功能结构树分析

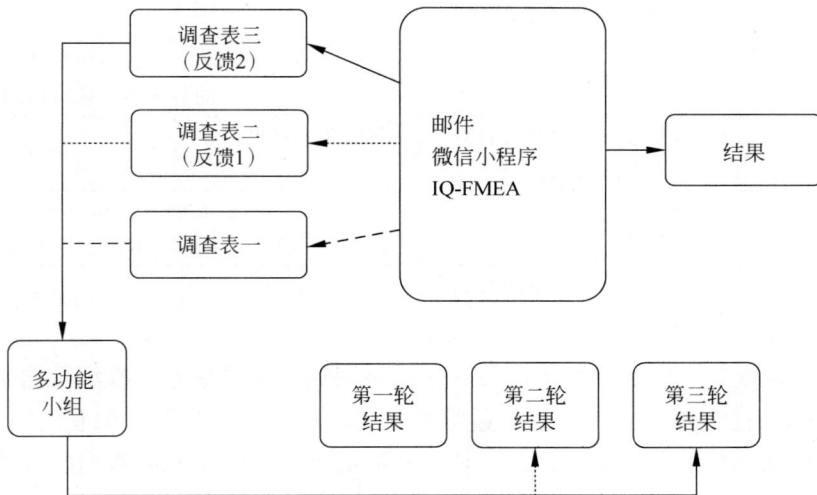

调查表三（反馈2）

调查表二（反馈1）

调查表一

邮件 微信小程序 IQ-FMEA → 结果

多功能小组

第一轮结果　第二轮结果　第三轮结果

图 5.12　德尔菲法流程

3. 基于 MDC 技术的供应商供应过程的管理改进

数据采集系统（manufacturing data collection & status management，MDC）建立在网络技术基础上，对所有生产设备进行联网，它可以构建一个生产车间的数据交换平台，把设备运行状态、人员分布、工件检测数据、物料传递状态、工装辅具配置状态等纳入平台管理，实现数据共享。

生产现场需要采集的数据信息类型如表 5.5 所示。

表 5.5　生产现场需要采集的数据信息类型

分　类	需采集的信息类型
人员	人员编码，上下班排班，岗位技能状态，特殊工种标记等
设备	设备运行状态，运行参数，维护保养状态等
物料	物料编码，位置，状态（合格/不合格，成品/半成品）等
工装辅具	工装辅具编码、状态，刀具寿命，刀补参数等
工作环境	温度，湿度，工单号，半成品数量，生产过程数据等
测量数据	质量监测数据（首末件自检，过程巡检，终检）等

由表 5.5 可见，人员、设备、物料等信息可以通过刷卡、扫码、RFID（射频识别）等方式进行采集，但是设备运行参数、质量检测数据、工单流转状态等信息相对复杂，信息采集的方式也会根据不同对象进行调整。表 5.6 整理了对不同种类的对象进行数据信息采集的方式。

表 5.6　数据采集方式

采集方式	适用范围	数据可采集的内容
TCP/IP（传输控制协议/网际协议）的以太网模式	配备了局域网口数控设备	
普通以太网模式	采用 Windows 操作系统带以太网接口的设备，但没有给第三方软件开发商提供开发接口的设备，如机加工设备、检测设备（三坐标、齿检仪等）等	设备所能设置和读取的所有信息
数据采集卡	系统为无串口及无局域网络设备	与生产设备的相关 I/O 点、对应的传感器所能收集到的信息
组态软件采集	非数控类的采用 PLC（可编程逻辑控制器）控制类的设备	只要 PLC 中有此信息即可采集
RFID 方式	相对固定的静态信息	人员、物料、设备、工装等的编码、位置、状态信息
人工辅助方式	非自动化设备或某些自动化设备不具备自动信息采集功能	可编辑处理的各类表单

供应商可以根据不同类型的生产设备采用不同的信息采集方式收集数据信息，再结合 SPC、MSA、控制图、直方图等质量管理工具，形成易于管理者识别的图表和表单。这不仅能够建立完善的质量追溯系统，还能够提高供应商采集到的数据的客观性、实时性和准确性，降低质量成本，提高企业运行效率。

4. 基于层次分析法的供应商零部件状态的评价改进

供应商管理水平代表了零部件的质量保障能力，在新产品和商品改造布点过程中都需要对供应商开展质量体系审核和 PPAP 过程审核，对审核结果的决策关系到供应商是否能够进入新产品开发和量产阶段，所以评审表单的评价项目比重显得尤为重要。

层次分析法，是美国运筹学家、匹兹堡大学教授托马斯·萨蒂（Thomas Saaty）在他的研究课题中，使用网络系统理论与多目标综合评价相结合的一种层次权重决策分析方法。该方法是通过将与目标决策有关的相关因素分解成不同的组成因素，按照因素间的关联性和隶属关系，分成不同层次进行组合，形成一个多层次的分析结构模型，进而使问题从低层到高层的相对权重得到确定，最终为解决问题提供优劣次序的排定。

FT 汽车目前对供应商选择和产品开发过程确定，主要采取供应商质量体系审核和生产件批准过程审核。因其评价内容的多样性和结构的复杂性，本章采用层次分析法对供应商提交的质量文件符合性和有效性进行研究。它由定性决策和定量决策共同组成，根据决策对象的复杂程度分化为目标结论、准则要求、方案问题的多层次结构。在分析每一层次的时候，需要对本层次的重要性进行判断，建立一个判定矩阵，通过对特征矩阵的运算，确定每个决策单元的排列权重顺序，最后计算出目标层、准则层、方案层的相对权重，为最终解决问题提供量化依据。

5. 供应商质量评价体系改进

整车厂作为一个大型制造企业，其生产工厂和设计研发、采购管理等质量管理的要求应当是一脉相承的关系。这就需要在设计之初就通过物联网技术，实现采购件和生产件的物料识别和传输系统，使质量保障体系得到有效的改进和提升，再通过定期的供应商绩效考评结果来调整供应商供货份额，最终实现整车质量水平的稳定提升，降低零部件开发的质量成本，保障售后市场的客户服务满意度水平。

（1）通过互联网和物联网技术，结合电子标签、传感器应用、智能处理软件等，可采集、分析体系内的供应商的相关信息，将其质量水平整体呈现出来。

首先，通过与供应商建立的交流沟通平台，实现生产需求的实时传递，即主机厂能够将市场需求或需求预测及时传递给供应商，供应商按照需求预测的数量进行排产和物流运输，可以有效降低库存压力、减少库存占用资金成本。

其次，通过供应商生产过程质量数据共享平台，优化产品开发框架体系，即供应商对生产过程数据进行采集、分析、处理，使用质量管理工具生成整车厂需要的质量报表和数据，从而降低供应商出厂检测和整车厂入厂检测的质量成本。

最后，通过整车质量保障体系的进一步优化，实现终端客户满意度的提升。在质量数据共享的基础上，实现产品开发框架体系和商改二次开发质量保障体系的统一，减少因产品变更而产生的终端客户满意度下降的问题。

（2）建立供应商质量表现的月度评价原则，激励供应商实现质量水平的保持和提升。

首先，拓展供应商关系管理系统的功能模块，将供应商考评原则和考评结果以周度、月度、年度的形式呈现出来，通过平台化数据发布给供应商，激励其改进提升。供应商绩效评价得分－等级如表 5.7 所示。

表 5.7 供应商绩效评价得分 - 等级

QCDS 得分	综合评价等级	合 作 策 略
91～100	A	可纳入战略供应商范畴
71～90	B	需帮扶供应商进行质量能力提升
60～70	C	限期整改，连续两次整改后审核为 C，即降级为 D
＜60	D	取消供应商的合格分供方名录

其次，对质量（Q）的构成进行细化，明确其所代表的含义，各项评价指标如表 5.8 所示。

表 5.8 质量评价得分

评 价 指 标		30 分	20 分	10 分	0 分
质量	入场合格率	98%	95%	90%	小于 90%
	售后 PPM	超过质量目标要求	达到质量目标要求	低于质量目标要求的 10%	远低于质量目标要求，产生恶劣影响
	重大质量事故	无质量事故	有轻微质量事故，在限期内整改完成，无重大经济损失	有严重质量事故，有经济损失，限期内得到妥善解决	有严重质量事故，造成重大经济损失

对成本（C）的构成进行细化，明确其所代表的含义，各项评价指标如表 5.9 所示。

表 5.9 成本评价得分

评 价 指 标		30 分	20 分	10 分	0 分
成本	价格水平	低于行业内平均水平	与行业水平相当	高于行业水平	远高于行业水平
	降本空间	可超期完成降本计划	可按期完成降本计划	不能按期完成降本计划	无法完成降本计划
	付款周期	可接受承兑和较长付款周期	能接受现行付款政策	可接受较短付款周期	现款现货

对交付（D）的构成进行细化，明确其所代表的含义，各项评价指标如表 5.10 所示。

表 5.10 交付评价得分

评 价 指 标		20 分	10 分	0 分
交付	交付周期	满足交付周期	延期交付	无法完成交付
	交付及时率	准时完成交付	提前或延后完成交付	无法完成交付
	交付变化率	无变化	有计划地变更	无计划地变更

对服务（S）的构成进行细化，明确其所代表的含义，各项评价指标如表 5.11 所示。

表 5.11 服务评价得分

评 价 指 标		20 分	10 分	0 分
服务	异常处理及时性和有效性	异常情况得到及时、有效的解决	异常问题得到超期解决	异常问题未得到解决
	品质改善及时性和有效性	品质得到及时、有效的改善	品质得到延期改善	品质未改善
	整改报告完善性和准时性	整改报告完善且按时提交	整改报告准时提交	整改报告不完善且未按时提交

最后，通过对供应商综合能力评分进行累加，得到 QCDS 评价的绩效总分，可作为对供应商供货系数的调整依据，有利于在体系内形成供应商的良性竞争。

（3）供应商绩效评价的要求明确后，把所有供应商放在一个平台上进行评价，可以层次分析法确定质量、成本、交付、服务的打分比重，也可通过采购战略层面要求，有侧重地调整各项要求的比重。如基于短期内开拓市场要求的，可提高成本所占比重；对于高端车型建立标杆的项目，可以提高质量和服务的比重；对于销售旺季，可适当调整交付的比重。

综上，通过建立供应商绩效评价机制，可以改善供应商开发选择，以及在量产阶段因低成本供应商的大量进入而产生的售后质量损耗、市场满意度下降的问题。

本章小结

汽车行业的供应商管理是根据整车开发节点，在不同项目阶段开展的供应商管理活动业务。对不同阶段的质量保障能力进行策划、管理、控制、改进，最终使整车量产后能够满足预定的质量目标规划。

精益化制造在汽车行业中的主要应用领域有三个方面：采购件质量改善，供应链库存管理，供应商体系优化。

复习与思考

1. 什么是汽车供应商管理？
2. 精益化制造在汽车制造业的应用领域有哪些？

即测即练

第6章 "迪链"供应链金融管理实践

本章关键词

供应链金融（supply chain finance） 区块链（blockchain）

供应链金融是一种金融活动，它通过银行或其他金融机构为供应链中的各方提供资金支持。这种金融活动旨在解决供应链中各个环节的资金流动性问题。比亚迪作为全球领先的新能源汽车和电池制造商，其供应链金融服务依托于公司强大的产业背景和市场地位。该公司的"迪链"供应链金融旨在为其供应商、经销商以及其他合作伙伴提供更加灵活和高效的资金流转解决方案，以支持其业务发展和供应链的稳定。本章聚焦"迪链"供应链金融平台，探索其运行模式及其实施效果分析。

6.1 供应链金融管理的基本理论

6.1.1 供应链金融的概念

供应链金融是由管理学和金融学交叉发展出的研究方向。在传统的供应链金融中，银行通常会根据供应链核心企业的信用评级为链上中小企业提供融资支持，以此为基础开展供应链金融业务。这种方式虽然可以缓解中小企业融资难题，但也存在一定的风险。一旦供应链核心企业出现财务问题，整条供应链上的所有企业都将受到影响，甚至可能导致整条供应链崩溃。因此，供应链金融的概念就显得尤其重要，它旨在通过提供供应链金融服务来维护供应链的稳健运行，帮助链上中小企业获得更多的贷款。研究表明，在企业流动性充足的情况下，财务金融学可以帮助企业找到最佳的运营模式，从而提升资金使用效率和营运能力。然而，在实际的生产和经营活动中，中小企业的资金来源有限，由于它们的信用水平较低，很难获得银行的短期信用贷款，因此它们面临资金紧张的困境。由于缺乏有效的运营管理决策，企业很难拓展业务，从而阻碍其发展和运营水平的提升。

面对当前复杂的经济环境，供应链金融理论可谓一个重大的突破，它不仅可以帮助企业更有效地实现经营目标，还可以帮助它们更加灵活地进行投资，并且可以通过对供应链的分析和评估，更有效地实现财务目标、帮助上下游的企业获得更多的资金支持。通过降低供应链上企业的融资成本，供应链金融理论不仅给予企业融资支撑，还有效地推动着供应链的长期健康发展、增强其市场竞争力。尽管供应链金融理论的发展仍处于起步阶段，但其概念已经被广泛接受，并且形成了一个较为全面的理论体系。学术界对其定义主要集中在两个角度：金融机构和核心企业。

从金融机构的角度来看，胡跃飞（2007）认为供应链金融是一种基于供应链关系的金融服务模式。供应链金融的核心是以供应链为基础，以核心企业为主导，实现金融与实体经济的深度融合。在这种模式下，金融机构可以通过与核心企业的合作，将企业在供应链上的订单和应收账款等资产作为抵押物提供融资服务，从而降低融资成本和风险。同时，金融机构还可以通过整合供应链上的金融资源，为供应链上的其他企业提供融资、保险、结算等服务，从而促进供应链的资金流动和协同发展。

从核心企业的角度来看，Hofmann（2009）认为供应链金融是一种金融服务，通过为整条供应链中的供应商、制造商和经销商提供资金支持与服务，改善现金流和降低金融风险。一般来说，供应链的核心企业作为首要的信用担保方，将会积极投入供应商金融服务的领域，为链上企业提供融资担保服务。它们的投入不仅能够有效促进链上企业的融资可得，还能够提升其经济实力、扩大市场规模，从而实现更高的利润。通过引入供应链金融服务，核心企业不仅能够加强企业供应链中各个节点之间的联系，也能够有效地激发各个节点之间的合作，使其拥有更加稳固的原材料、产品、服务等资源，进一步提升整条供应链的效率。

6.1.2　供应链金融的融资模式

当前，供应链金融的融资模式主要有三类：应收账款融资模式、存货类融资模式及预付账款融资模式。其中，应收账款融资模式是一种服务于核心企业和上游企业，为了帮助中小企业获得贷款而设计的融资方案，能够有效地解决上游供应商的融资困境。存货类融资模式更加普遍，可以让中小企业利用其现有的资源（如库存）进行融资，从而实现资金的有效利用。相比之下，预付账款融资模式是一种更为灵活的方法，它能够为下游中小企业即经销商提供更多的融资支持，尤其是在销售过程中。

1. 应收账款融资模式

应收账款融资模式是指企业通过质押自己的应收账款票据进行融资的模式。这种模式可以有效地避免资产流失，便于企业更好地管理和控制自身资产。应收账款是指企业向其客户销售商品或提供服务后所形成的未收回的款项。这些款项通常需要在一定的账期内才能收回。然而，企业在等待客户付款的过程中，常常需要面临资金周转的压力，尤其对于上游供应商来说更是如此。应收账款融资可以帮助企业解决流动性资金短缺的问题。具体来说，企业可以将其尚未收回的应收账款票据抵押给金融机构，由金融机构提供资金支持。这样，企业就可以在不损失应收账款的情况下快速获得所需的资金，从而解决资金周转压力。

应收账款融资模式的业务流程如图 6.1 所示，该模式的关键是将应收账款票据当作质押物。金融机构在提供资金支持的同时，会收取一定的质押费用，并要求企业承担一定的风险责任。如果企业无法在规定的账期内收回应收账款，金融机构就有权向企业追讨资金。因此，在选择应收账款融资模式时，企业需要仔细评估自身的还款能力和风险承受能力，以避免风险和损失。总之，应收账款融资模式是一种常用的供应链融资模式，它可以帮助企业快速获得资金支持，解决资金周转压力。然而，企业在选择融资模式时需要仔细评估风险和还款能力，以保证自身的利益和资金安全。

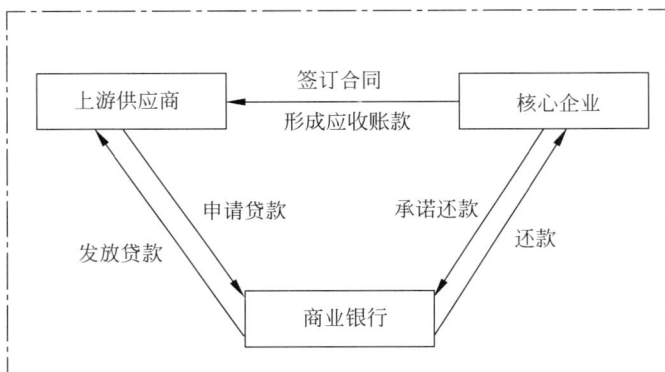

图 6.1　应收账款融资模式的业务流程

2. 存货类融资模式

存货类融资也被称为"融通仓"，这种方法旨在帮助公司以自己的库存来进行融资，并从银行获得贷款。存货是指企业持有的未出售的商品或原材料等物品。这些存货通常需要占用大量的资金和仓储空间，而且随时面临市场波动和货物质量变化的风险。存货类融资模式也可以帮助企业解决流动性资金短缺问题。具体来说，企业可以将其存货作为抵押物，向金融机构申请融资，以获取其所需的资金支持。金融机构会根据存货的质量、数量和市场价值等因素，为企业提供一定的融资额度。这样，企业就可以用融资资金来扩大生产规模、提高市场竞争力，同时还可以减少存货占用资金和仓储空间的成本。

存货类融资模式的业务流程如图 6.2 所示，其核心在于存货的抵押。金融机构在提供融资支持的同时，会要求企业将其存货质押给金融机构以作为还款保证。

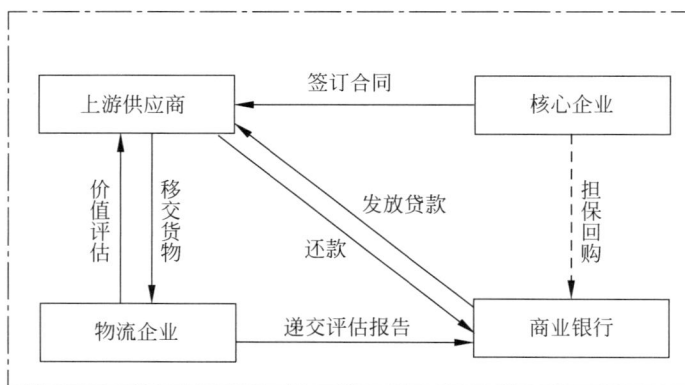

图 6.2　存货类融资模式的业务流程

3. 预付账款融资模式

预付账款融资模式也称保税仓模式，是指在供应链金融的采购阶段，企业利用其未来的预付账款作为抵押物向金融机构进行融资的模式。在供应链中，预付账款是指企业在签订合同或订单时，需要提前支付给供应商或服务商的款项，以保证供应商或服务商提供其所需的产品或服务。预付账款融资模式可以帮助企业解决资金短缺的问题。具体来说，企业可以将其未来的预付账款作为抵押物，向金融机构申请融资，以获取其所需的资金支持。金融机构会根据预付账款的金额和到期时间等因素，为企业提供一定的融资额度。

预付账款融资模式的业务流程如图 6.3 所示，其核心在于预付账款的抵押，一般由核心企业、下游供应商、商业银行、物流企业四方构成。金融机构在提供融资支持的同时，会要求企业将其未来的预付账款质押给金融机构，以作为还款保证。这样，企业就可以用融资资金来扩大生产规模、提高市场竞争力，同时还可以不影响现金流、不增加负债。

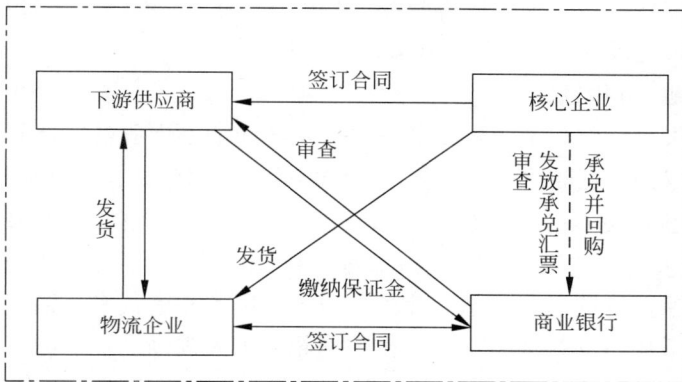

图 6.3　预付账款融资模式的业务流程

6.1.3　供应链金融的发展历程

通过对三类传统融资模式应收账款、存货质押和预付账款的研究，我们已经探讨出它们对于解决链上企业特别是中小企业的融资问题的实际效果。本节将分析供应链金融的发展现状与发展局限。

供应链金融以供应链中的交易和资金流为基础，以金融机构为纽带，为供应链中的各个环节提供融资、结算、风险管理、信息服务等一系列金融产品和服务。供应链金融的发展经历了五次创新，如表 6.1 所示。

表 6.1　供应链金融的发展历程

业务模式	特　征	金融服务主要参与方	资金主要来源	技 术 支 持	融资方式
供应链金融 1.0 模式	单一融资模式	商业银行	商业银行	无	间接融资
供应链金融 2.0 模式	多元化融资模式	商业银行、核心企业	商业银行	"互联网+"	间接融资
供应链金融 3.0 模式	供应链信息化	第三方电商服务平台、商业银行、核心企业	商业银行	云平台、数据风控	间接融资
供应链金融 4.0 模式	智能化风控	大型第三方电商服务平台、商业银行、核心企业	商业银行、电商平台	物联网、人工智能、大数据	直接融资
供应链金融 5.0 模式	区块链平台	核心企业、供应链上的上下游企业	核心企业	电子化数字凭证、区块链技术	直接融资

1. 供应链金融 1.0 模式

供应链金融 1.0 模式是供应链金融最原始的业务模式。在该种模式下，供应链不再依赖于 1 家核心企业的信誉，而是采用"*N*"家上下游企业的共同参与，从而实现更加灵活的融资方案。这些参与者可以利用存货、应收账款票据等作为抵押物，从而更加便捷地从金融机构处获得贷款。供应链金融 1.0 模式可以满足企业的短期融资需求，有助于提高企业的资金流动性，但其灵活性有所欠缺，不能满足供应链中不同环节的融资需求。尽管商业银行可能会对核心企业的信贷状态进行调查以及对供应链各方进行深入调研，但它们很可能会忽略掉小型企业提交的应收账款票据及其相关的存货，从而导致其面临重复质押的问题。传统的供应链金融 1.0 模式，由于它的运营方式是通过实体渠道，所以它的运营成本比以往更高，运营风险也比以往更大。

2. 供应链金融 2.0 模式

随着科技的发展，供应链金融的业务已经从传统的地面服务发展到了新的方向。这种新的业务方向依托于互联网、云计算、大数据等前沿科学，旨在推动小微企业的发展，并且能够让企业获得更多的融资机会。随着供应链金融 2.0 模式的推出，银行能够利用互联网信息办公系统，收集到供应链内部每一家公司的完整资料，使它们能够更准确、完整地把握整条供应链的运营状态。此外，由于采用了新的技术，银行也能够避免出现票据重复质押或者质押的存货数量被虚报的问题，大大提高了它们的审计能力，使它们能够更好地把握市场动态，并且能够及时发出预警，提高客户的满意度。通过这种方式，银行可以大大降低风险的可能性。

在供应链金融 2.0 模式下，银行依旧是供应链金融的资金来源方，但是通过互联网技术的应用，银行可以更快速、更便捷地为小微企业提供融资支持。银行可以通过互联网信息办理平台来评估小微企业的信用风险，并根据企业的实际情况为其提供不同的融资方案。

3. 供应链金融 3.0 模式

随着 3.0 版本的推出，供应链金融的定位已经从传统的融资转向更加重视企业的交易活动。这一转型的成功，主要体现在构建一套依托网络的、可视化的、可溯源的、可持续的、可监督的软件配置管理（software configuration management，SCM）体系，从而实现更加高效、安全的 SCM。采用第三方企业的电子商务服务，能够收集到全面的供应商数据，包括客户的订购情况、货运情况以及价格变动，从而实现 2.0 时代的 SCM。同时，该平台也能够涵盖仓库和物流行业，以满足参与者的需求，并且给予他们更多的支持。随着供应链金融 3.0 模式的推出，核心企业无须再依赖于传统的渠道，而是利用第三方企业服务平台实现对供应商的实时监控，从而更好地满足其经营需求，并且从中受益。同时，供应链金融 3.0 模式还包括供应链金融风控服务，通过大数据和人工智能技术，对供应链中的风险进行监测和预警，避免了供应链金融风险的发生。

4. 供应链金融 4.0 模式

随着前沿科技的不断发展，供应链金融迈入 4.0 时代。供应链金融 4.0 模式已经成为我国企业最常用的融资服务模式。它将供应链金融与人工智能、物联网、大数据等前沿技术相结合，极大地提升了供应链金融的效率和安全性，从而实现了供应链金融 3.0 模式的升级。在这一模式下，通过物联网技术可以实现对供应链中货物流动的实时监测和跟踪，使供应链金融的风险控制更加精准和可靠。同时，通过人工智能技术可以对供应链中的数据进行更精细化的分析，提高供应链金融的决策效率和精度，为企业提供更加个性化的融资服务。

供应链金融 4.0 模式的核心优势在于，它的来源已经从传统的企业和一些银行扩展到更多的第三方电子商务服务提供者，从而使传统的间接融资形态得到改善，更加便捷地为企业提供更多的融资渠道。随着技术的发展，供应商金融服务已经大大改变传统的融资方式，使电商企业能够利用它们的金融服务子公司、互联网金融服务公司等，更加有效地支持企业发展，并且能够带动各个行业的发展，达到双方的利益最大化。腾讯微企链以及盛业资本供应链金融等都是采用的供应链金融 4.0 模式。

5. 供应链金融 5.0 模式

供应链金融 5.0 模式是我国未来供应链的发展方向，现如今只有少数供应链企业采用这种业务模式。供应链金融 5.0 模式是在供应链金融 4.0 模式的基础上，进一步实现了供应链金融的全球化和社会化。在这一模式下，通过区块链技术和数字货币的应用，实现了全球供应链金融的无缝连接和交易结算，同时也推动了金融服务的社会化，使更多的企业和个人可以通过区块链平台进行融资和投资，降低了融资成本和门槛，推动了金融服务的普惠化。此外，供应链金融 5.0 模式还包括社会责任的履行，通过对供应链中企业的社会责任进行监督和评估，促进供应链中企业的可持续发展和社会责任意识的提升。供应链金融 5.0 模式的特点如下。

（1）高度智能化。供应链金融 5.0 模式通过人工智能技术的应用，可以对供应链中的各个环节进行智能化的管理和协调，从而提高了供应链的效率和稳定性。例如，银行可以通过人工智能技术自动化地评估小微企业的信用风险，快速审批贷款申请，同时也可以通过智能合约等技术自动化地完成合同签署、交易结算等流程。

（2）供应链金融 5.0 模式可以通过区块链技术的应用，实现供应链中信息的去中心化存储和共享。这样可以保障供应链中各方的信息安全和隐私，同时也可以避免信息篡改和造假等问题的发生。通过引入区块链技术，还能够实时监测和跟踪供应链中的交易信息，这大大提升了供应链金融的透明度和安全性。

（3）供应链金融 5.0 模式使供应链金融业务实现了供应链的内部化。供应链金融可以更加有效地整合各个环节，从而使得整条供应链更加高效、灵活。这一模式的最大优势是，它可以让供应链的各个环节都得到有效的支持，从而更好地掌握物流、库存等重要数据。这样可以帮助供应链中的各方更好地掌握供需情况，及时调整生产和物流计划，从而提高供应链的效率和灵活性。

（4）多元化的资金来源。供应链金融 5.0 模式可以通过区块链等技术的应用，实现对供应链中资金流动的实时监控和跟踪。在这种模式下，核心企业作为资金来源，供应链上的企业可以凭借由核心企业应收付账款以及存货等生成的数字交易凭证向核心企业融资。此外，也可以吸引更多的资金来源方参与供应链金融，如机构投资者、个人投资者等。

（5）采用数字交易凭证质押。供应链金融 5.0 模式依托区块链技术对链上交易活动签发数字交易凭证，企业可以用数字交易凭证作为资产进行质押。

供应链金融 5.0 模式给供应链金融带来了前所未有的变革，它不仅可以满足多级供应商和经销商的融资需求，还通过引入区块链技术，将核心企业签发的交易票据转换成数字交易凭证在供应链内部流通、转让和支付，从而大大提高了供应链内部的流通性、便捷性和安全性，使多级供应商和经销商获得融资，有效地改善供应链上企业的财务状况。比亚迪的"迪链"供应链金融平台就是供应链金融 5.0 模式的成功案例之一。

6.2 "迪链"供应链金融运作模式分析[①]

6.2.1 "迪链"平台主要参与方介绍

本节将对比亚迪"迪链"供应链金融的相关参与方，即比亚迪股份有限公司、深圳迪链科技有限公司以及比亚迪各供应商的情况进行介绍，以此对比亚迪"迪链"供应链金融平台的运作模式介绍进行铺垫。

1. 比亚迪基本情况

比亚迪 1995 年在深圳成立，当时其主要业务是生产二次充电电池。2002 年，其开始研发汽车半导体，公司于当年成功在香港上市（股票代码：01211HK）。2003 年，比亚迪电池生产业务排名世界第二，同年进入新能源汽车赛道。随后几年，比亚迪在新能源汽车领域飞速发展，并于 2011 年在深圳证券交易所上市（股票代码：002594），开始了新的征程。2015 年，比亚迪生产并发布了全球第一台纯电动双层大巴。2016 年，其开始布局轨道交通领域，公司当年销售额突破 1 000 亿元。2018 年，其发布了自主研发的 e 平台系统，告别核心技术"卡脖子"时代。2021 年，比亚迪推出 DM（双模）超级混合动力技术，使其首次跻身"百万辆俱乐部"新能源汽车排名榜单。到 2023 年 3 月 20 日，比亚迪 A 股市值已经达到 7 200 亿元。

从一无所有到世界知名企业，比亚迪用了不到 30 年的时间，这离不开内部工作人员的努力，也离不开外部供应商、经销商的紧密配合。在比亚迪告别垂直整合的运营模式后，其供应商越来越多、业务范围越来越广，不同的供应商面临各种各样的资金压力。为保障供应链的稳定发展，作为核心企业的比亚迪股份有限公司需要担负起一定责任。比亚迪先后成立的深圳市比亚迪供应链管理有限公司、深圳迪链科技有限公司在促进供应链的发展过程中起到了重要作用，前者主要负责供应链业务的协调与管理，后者负责运营"迪链"平台，帮助链上企业解决资金难题，两者协同保障供应链的稳定发展。

1）公司股东概况

比亚迪股份有限公司作为比亚迪供应链的核心企业，是比亚迪"迪链"供应链金融平台的主要建设者。比亚迪打造"迪链"供应链金融平台来更有效地管理和控制供应链，还可以有效地减轻企业面临的融资负担，进一步提高其营运能力、盈利水平、经济效益和社会影响。

表 6.2 显示了比亚迪前 10 名股东持股情况，融捷投资控股集团有限公司对外投资大

---

① 本案例主要参考《比亚迪"迪链"供应链金融平台案例分析》（2023，高飞）。

量科学研究和技术服务业以及制造业公司，多为新能源车行业上游供应商科技研发以及制造业公司。

表 6.2　截至 2022 年 9 月 30 日比亚迪前 10 名股东持股情况

股 东 名 称	持股数 / 股	占总股本比例 /%	股 东 性 质
HKSCCNOMINEESLIMITED	1 097 450 757	37.70	境外法人
王传福	513 623 850	17.64	境内自然人
吕向阳	239 228 620	8.22	境内自然人
融捷投资控股集团有限公司	154 426 602	5.30	境内非国有法人
夏佐全	82 635 607	2.84	境内自然人
香港中央结算有限公司	71 116 231	2.44	境外法人
王念强	18 299 740	0.63	境内自然人
中央汇金资产管理有限责任公司	11 976 633	0.41	国有法人
李柯	10 921 400	0.38	境内自然人
王传方	8 824 680	0.30	境内自然人

资料来源：比亚迪汽车 2022 年三季报。

自然人股东王传福、吕向阳等也在除比亚迪之外的工程技术研究试验发展和汽车零部件及配件制造公司担任高管。可见，上游供应链对比亚迪来说是非常重要的环节。

2）公司业务概况

比亚迪致力于发掘和开发全球领先的新兴产品，如新能源汽车、智能手机、二次充电电池和太阳能发动机，同时也在不断发挥公司的科研实力，开发和推广城市轨道交通等领域。

表 6.3 显示了比亚迪 2022 年主营业务的销售收入情况。可以看出，比亚迪的汽车、相关产品及其他产品的营业收入占总营业收入的 72.55%，是比亚迪主营业务中的核心业务。比亚迪目前的产品矩阵主要分为海洋网和王朝网两大网络。其中，比亚迪王朝有 5 个系列，分别是秦、汉、唐、宋、元，共 13 个车型，覆盖轿车、SUV（运动型多用途车）和 MPV（多用途汽车）三种类型。

表 6.3　截至 2022 年 9 月 30 日比亚迪主营业务收入情况

项　　　目	金额 / 元	占营业收入比重 /%
营业收入合计	150 607 252 000	100
分行业		
日用电子器件制造业	41 069 650 000	27.27
交通运输设备制造业	109 267 418 000	72.55
其他	270 184 000	0.18
分产品		
手机部件、组装及其他产品	41 069 650 000	27.27
汽车、相关产品及其他产品	109 267 418 000	72.55
其他	270 184 000	0.18
分地区		
境内	117 224 189 000	77.83
境外	33 383 063 000	22.17

资料来源：比亚迪汽车 2022 年三季报。

如表 6.4 所示，截至 2021 年比亚迪各类型汽车的产销量中，轿车的产量和销量与上年同比增长分别为 164.59% 和 135.47%，这是公司的业务增长以及产品结构变化所致。比亚迪将轿车、SUV 等车型作为核心汽车产品。同时，比亚迪宣布自 2022 年 3 月起停止燃油车整车生产，以响应国家"双碳"政策号召。比亚迪将聚焦新能源汽车领域，成为全球首家停产燃油车的车企，为新能源汽车行业进入高质量发展阶段持续助力。在面对企业产业结构调整以及销量激增的多重压力下，比亚迪必须将供应链作为一个整体，通过提高供应链整体的经济效益，保持其供应链的稳定与可持续性，从而实现其自身发展。

表 6.4　截至 2021 年比亚迪整车产品产销情况

产　品	产　量		销　量	
	本报告期 / 辆	与上年同比增减 /%	本报告期 / 辆	与上年同比增减 /%
乘用车	737 502	75.05	713 437	83.90
轿车	416 467	164.59	388 821	135.47
SUV	298 652	25.85	298 328	50.94
MPV	22 383	−15.89	26 288	4.39
商用车	10 038	−5.61	7 891	18.64
客车	5 772	−36.75	4 017	−33.60
其他	4 266	182.52	3 874	544.59
合计	747 540	73.06	721 328	82.80

资料来源：比亚迪汽车 2021 年年报。

2. 深圳市迪链国际商业保理有限公司和比亚迪的供应商情况

深圳市迪链国际商业保理有限公司是深圳市宏达同实业有限公司的全资子公司，其背后实际控制人为比亚迪公司工会联合会。深圳市迪链国际商业保理有限公司在"迪链"供应链金融平台上扮演了贷款方的角色，利用自有资金为比亚迪供应链上企业贷款。"迪链"的建立主要是为了解决比亚迪供应商的融资难题，尤其是多级供应商的融资难题。

1）深圳市迪链国际商业保理有限公司情况介绍

在"迪链"金融平台上，深圳市迪链国际商业保理有限公司通过其自有资金为比亚迪供应链企业提供融资服务，从而实现"迪链"金融平台上的资金提供方由金融机构向核心企业的转变，使比亚迪获得了更多的发展机遇。

深圳市迪链国际商业保理有限公司是比亚迪汽车于 2019 年 8 月 13 日建立的商业保理平台，注册资本为 30 000 万元人民币。深圳市迪链国际商业保理有限公司是为了"迪链"金融平台专门建立的一家商业保理公司，起到为供应商提供贷款的作用。

"迪链"供应链金融平台的出现，使比亚迪子公司深圳市迪链国际商业保理有限公司成为一个重要的参与者，它不仅能保障比亚迪的履约能力，而且能满足其供应链的需求。也就是说，只要供应链经营正常，在真实的交易活动背景下，供应商就可以从"迪链"供应链金融平台上获取更多的融资机会。与传统的商业银行第三方间接融资模式不同，深圳市迪链国际商业保理有限公司的审批流程更加便捷，并且能够有效地减少供应链中的信息披露，从而极大地提升其融资效率。

2）比亚迪的供应商情况

比亚迪作为我国龙头车企之一，其供应链涉及众多零部件与销售企业。

如图 6.4 所示，新能源汽车的供应商体系十分复杂，涵盖了锂矿等金属原材料、电气电子系统零部件、动力系统零部件、智能网联零部件、车载系统零部件、车身饰品零部件等。新能源车的核心是动力系统，因此电池供应商是整个供应链的重要组成部分。电池供应商通常提供锂离子电池、固态电池等多种类型的电池。电机是新能源车的关键部件之一，负责将电池储存的电能转化为机械能。电机供应商通常提供交流电机、直流电机等多种类型的电机。车身零部件供应商提供新能源车的车身部件，如车门、车窗、座椅等。这些零部件通常需要轻量化和优化设计，以提高新能源车的能效和性能。还有一些其他的供应商，如车载通信设备供应商、车载娱乐设备供应商等。

上游：原材料、零部件		中游：整车制造	下游：后期市场	
锂矿等金属原材料	电气电子系统零部件	纯电动汽车	充电桩	换电站
动力系统零部件	智能网联零部件	插电式混合动力汽车	动力电池回收	梯次利用
车载系统零部件	车身饰品零部件	燃料电池汽车	共享租赁	汽车金融

图 6.4　新能源汽车行业产业链

如表 6.5 所示，比亚迪的关联方包括许多不同的行业，如矿产、化学、汽车配件生产商。比亚迪的供应商主要分为两类：一是核心供应商，二是一般供应商。核心供应商是指对比亚迪产品质量、交期、成本等有重要影响的供应商，其产品对比亚迪产品的质量、安全性、可靠性、性能等有着至关重要的影响。一般供应商是指对比亚迪产品有一定影响的供应商，其产品对比亚迪产品的质量、安全性、可靠性、性能等有一定的影响。借助自身规模优势，比亚迪在确保原材料的高性价比、高品质、高标准的同时，还能够有效地降低生产成本。此外，比亚迪采用区域采购法，以当前所处的位置作为采购的首选。供应商集中度方面，2020 年，公司前五名供应商采购金额占年度采购总额的27.52%，采购集中度较低。同时，比亚迪还通过投资新兴的基础设施以及扩大产品线，以满足当前的需求。

表 6.5　比亚迪新能源汽车供应商代表企业一览

电气电子系统零部件	供应商	动力系统零部件	供应商	车身饰品零部件	供应商	智能网联零部件	供应商
车载充电机（OBC）	比亚迪	驱动电机	比亚迪	全车玻璃（除天窗玻璃）	福耀玻璃	12.3 寸（1 寸≈0.033 米）液晶仪表	德赛西威
共模组建	安泰科技	电机控制器	比亚迪	天窗总成	弗迪科技	智能驾驶比亚迪辅助系统	比亚迪

电气电子系统零部件	供应商	动力系统零部件	供应商	车身饰品零部件	供应商	智能网联零部件	供应商
车身控制器	弗迪科技	发动机冷却模块	马勒	前保左右高亮黑	延锋彼欧	自动泊车系统	德赛西威
带传动式电动助力转向系统（BD-EPS）	采埃孚	排气系统	佛吉亚	隐藏式门把手	弗迪科技	语音助理	科大讯飞
TPMS（胎压监测系统）	瑜捷电子	混动DCT（双离合变速器）	重庆蓝黛	窗框条	银宝山新	汽车天线	深圳天丽
安全气囊模块	弗迪科技	碳化硅电机控制模块	比亚迪	前格栅、车标	湖南浩润	空调HVAC（供热、通风与空气调节）总成	弗迪科技
整车控制器（VCU）	比亚迪	磷酸铁锂刀片电池	重庆弗迪	座椅	佛吉亚	负离子发生器	镇江汉邦
整车线束室外温度传感器	弗迪科技	三元锂电池比亚迪管理系统	比亚迪	安全带总成、方向盘	弗迪科技		
充电口、高压连接器	深圳巴斯巴科技	BMS（电池管理系统）连接器	莫仕	IP/DP/FC（仪表板/门护板/副仪表板）	延锋汽车内饰	冷凝器总成	弗迪科技

资料来源：比亚迪企业2021年度报告。

6.2.2 "迪链"平台介绍

1. "迪链"平台产生背景

比亚迪虽然是一家年轻的公司，但其凭借先进的技术，在多个领域取得了巨大的成就。多年来，比亚迪积累了大量的行业数据，这些数据在当今的信息时代变得越来越重要，但它们并不能直接产生价值，必须通过实时分析，将数据流动到决策的各个环节，才能真正为客户提供有效的服务。数据价值的体现需要分析和挖掘，目前数据分析技术已经得到了快速的发展，一定程度上能够满足比亚迪经营需要。

此外，比亚迪为了更好地管理供应链业务，早在2013年就成立了比亚迪供应链管理有限公司，用于管理比亚迪供应链。比亚迪作为我国新能源汽车行业的头部企业之一，它的供应链结构与传统汽车供应链相似，由众多上游供应商组成。然而，在"迪链"供应链金融推出之前，比亚迪的供应链发展受到了下游竞争对手抢夺上游现金流的影响，导致资金流动受阻，从而制约比亚迪供应链的发展。比亚迪意识到了供应链管理的重要性，不断提高供应链管理公司的注册资本。2014年，比亚迪集团对比亚迪供应链管理公司的注册资本从1000万元变更成5亿元，2021年，比亚迪供应链管理公司的注册资本从5亿元变更成35亿元，注册资本的大幅度增加表明了比亚迪做好供应链管理的决心。

1）比亚迪对其上游供应商资金占用情况

2018 年下半年，"迪链"供应链金融平台上线，为了介绍该供应链金融的产生背景，表 6.6 列举了"迪链"供应链金融上线前 6 年（即 2013—2018 年）比亚迪汽车应付账款的账期情况。从表 6.6 可以看出，比亚迪的应付账款周转率虽然有逐年增长的趋势，但大体维持在 2.2，应付账款周转天数从 170 天左右下降至 150 天左右。多篇权威报道（包括《财经》和证券时报）指出，中国车企应付账款及应付票据周转天数平均为 182 天。可以发现，尽管比亚迪的应付账款周转天数有逐年下降的趋势，但其应付账款的流动性明显超过了同类企业的平均水准，这表明比亚迪对其上游客户造成的财务支出庞大，从而给其供应链中的上游客户带来了资金周转的负担。

表 6.6　比亚迪 2013—2018 年应付账款账期情况

年份	应付账款周转率	应付账款周转天数 / 天
2013	2.169 8	165.917 5
2014	2.037 9	176.649 9
2015	2.316 9	155.377 9
2016	2.470 0	145.751 0
2017	2.271 7	158.473 0
2018	2.512 2	143.298 4

资料来源：Wind 数据库。

2）下游经销商对比亚迪资金占用情况

表 6.7 列举了"迪链"供应链金融平台上线前 6 年（即 2013—2018 年）的比亚迪应收账款的账期情况。从表 6.7 可以看出，比亚迪的应收账款周转天数一直处于较高水平且逐年上升，甚至在 2017 年一度高达约 182 天，同年应收账款周转率也低至 1.98。可以发现，比亚迪的应收账款流动性显著超过了同类企业的平均水准，表明其供应链的下游客户占用比亚迪资金的情况也很严峻，给比亚迪造成了一定的财务压力。

表 6.7　比亚迪 2013—2018 年应收账款账期情况

年份	应收账款周转率	应收账款周转天数 / 天
2013	4.544 1	79.224 1
2014	3.199 4	112.521 8
2015	3.111 8	115.687 0
2016	2.706 9	132.992 1
2017	1.980 0	181.814 7
2018	2.405 4	149.665 5

资料来源：Wind 数据库。

通过对比亚迪应收、应付账款和账期的分析，我们发现，2018 年以前，比亚迪的供应链出现了严重的资金短缺问题，上游供应商的资金被过度消耗，而下游经销商也存在占用比亚迪资金的情况，使比亚迪的资金流动受到严重的影响。尤其是比亚迪在与上游供应商进行交易活动时，表现出了极大的优势，从而使它的上游供应商在资金周转方面处于劣势，导致其上游供应商在整条供应链中面临很大的财务压力，也导致以比亚迪为核心企业的整条供应链上的资金使用率较低。

2. "迪链"平台简介

"迪链"是比亚迪股份有限公司及其成员企业和供应商进行交易并为资金需求方进行融资的平台，其运营方是深圳迪链科技有限公司，该公司 2016 年成立，由深圳市宏达同实业有限公司控股。"迪链"平台于 2018 年由比亚迪建设完成，为比亚迪及其成员企业、供应商和银行等资金供需方提供应收账款信息服务。比亚迪供应链管理有限公司主要协调链上企业关系，寻找新的供应商合作伙伴，两者配合帮助比亚迪供应链平稳运行。"迪链"作为一个业务交易平台，在业务的办理过程中时时刻刻体现着现代技术的优势，把大数据、云计算等技术贯彻落实到方方面面，协调供应链上参与方的利益诉求，通过数据共享和风险优化等，达到提高交易效率的目的。

"迪链"平台虽然成立不久，但是截至 2023 年 12 月已经服务 1 万多家企业，签发的"迪链"笔数也超过了 10 万笔。图 6.5 显示了"迪链"平台业务规模扩张的历程，可以看出，从 2018 年 11 月第一条"迪链"产生，到 2023 年 1 月"迪链"签发额已经达到了 3 000 亿元。这一方面体现了比亚迪响应国家普惠金融政策，依托企业资源和实际工作经验，与金融机构进行合作，服务链上企业；另一方面体现了比亚迪建设供应链战略生态圈的决心，为实现多方共赢贡献自己的力量。

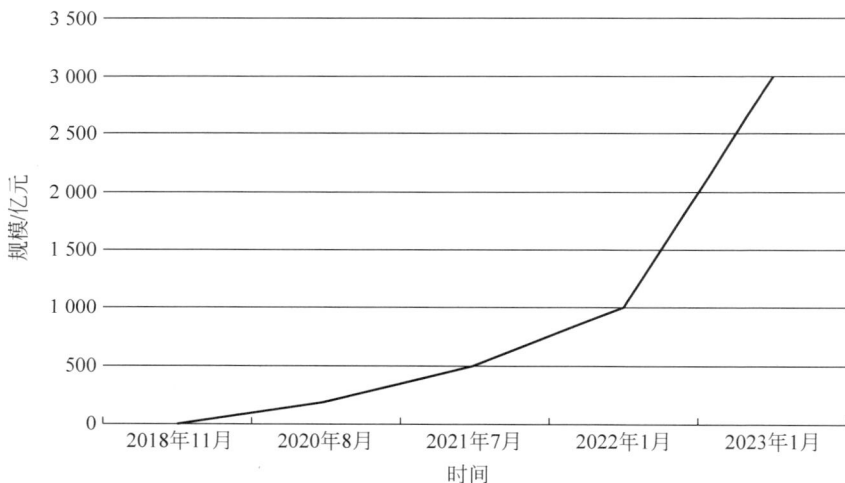

图 6.5 "迪链"平台业务规模

资料来源："迪链"公众号。

3. "迪链"平台运作模式与业务流程

本节将对"迪链"供应链金融平台的运作模式和业务流程进行详细介绍。

1）"迪链"供应链金融平台运作模式

比亚迪推出"迪链"供应链金融平台是为了更好地管理其供应链，解决链上中小企业融资困境，从而改善比亚迪的经营状况，增强比亚迪的综合实力。"迪链"供应链金融平台主要涉及以下业务。

（1）交易活动。比亚迪在向供应商采购货物时，会通过"迪链"平台进行签约。签约完成后，比亚迪不会立刻以现金形式向供应商支付货款，而是通过"迪链"平台向供应商签发以比亚迪企业信用作为背书的"迪链"凭证。供应商企业在拿到"迪链"凭证后也可以使用该数字票据作为资产与更上一级供应商进行交易。

（2）融资服务。比亚迪供应链上企业可以在"迪链"供应链平台上进行融资，在与比亚迪进行交易后拥有的"迪链"凭证，既可以在供应链上进行交易，也可以作为数字资产在"迪链"平台进行融资，可以通过"迪链"的保理业务，也可以在平台上向已加入平台的银行等金融机构贷款。"迪链保理"业务是比亚迪将传统供应链金融中的"1+N"商业保理业务移植到"迪链"供应链金融平台，旨在利用核心企业比亚迪的综合实力以及优质信用在线上开展融资保理服务。比亚迪与中国银行、中国建设银行等 10 多家银行以及其他金融机构合作，邀请其入驻"迪链"供应链金融平台，为"迪链"拓宽了资金来源，丰富了链上融资服务产品的种类。供应链上企业可以直接凭借"迪链"凭证在平台上选择合适的融资服务产品。

（3）绿色金融业务。比亚迪自 2022 年宣布停产燃油车后，积极响应国家"双碳"目标，全力发展新能源车业务。与此同时，比亚迪开始拓宽在新能源领域的业务。而"迪链"供应链金融平台也为比亚迪提供了金融支持，助力其积极开展绿色金融业务。

2）"迪链"供应链金融平台业务流程

如图 6.6 所示，"迪链"供应链金融平台融资业务主要有以下四个步骤。

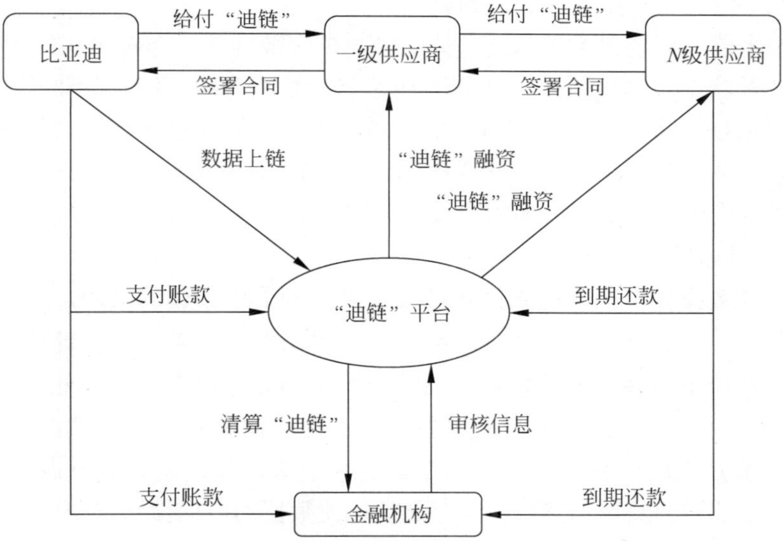

图 6.6 "迪链"供应链金融平台业务流程

（1）根据交易订单签订合约。比亚迪与供应商根据约定在"迪链"平台上进行线上签约。合约由"迪链"平台自助生成，签订后，供应商按照合同在约定时间交付货物，而比亚迪不会立刻向供应商支付现金，而是以应收账款的方式向供应商偿付。

（2）发放"迪链"凭证。"迪链"平台根据供应商与比亚迪进行交易后的应收账款向其发放"迪链"凭证。如果供应商没有融资需求，则可以使用"迪链"凭证向更上一级供应商采购货物，具体操作为收到货后将"迪链"凭证拆分支付给上一级供应商；如果供应商有融资需求，则可以用"迪链"凭证在平台上寻求合适的融资服务。

（3）申请融资。加入"迪链"供应链金融平台的供应商都可以凭借手中的"迪链"凭证在平台上进行融资。供应商以"迪链"凭证作为数字资产，既可以向核心企业比亚迪进行融资，也可以向金融机构质押凭证申请融资。

（4）到期还款。供应商手中的"迪链"凭证到期后，比亚迪就会在平台上对到期凭证进行偿付，方便快捷。

6.2.3 "迪链"平台技术分析

"迪链"供应链金融平台是比亚迪为优化自身供应链管理所推出的供应链金融 5.0 模式平台，通过引入区块链技术试图解决供应链上企业间信息不对称问题，从而改善链上企业融资困境。在 6.3 节，将对区块链技术以及区块链技术在"迪链"平台运作模式中的作用进行分析，以更深入地了解"迪链"平台新型融资模式的特征及优势。

1. 区块链技术介绍

1）区块链技术的概念

区块链技术是一种基于密码学、点对点网络和分布式存储等技术的创新性数据库技术。它采用一种去中心化的架构，使多个参与方可以在没有中央控制机构的情况下进行数据的验证、存储和交换。区块链技术的核心是分布式账本，它对每个参与方的数据进行同步和更新，形成了一条不可篡改的记录链。

区块链技术的应用场景非常广泛，如金融、供应链管理、物联网、数字版权等领域。在金融领域，区块链技术可以用于实现跨境汇款、智能合约、借贷等业务。在供应链管理领域，区块链技术可以用于追踪货物的来源和去向，提高供应链的透明度和效率。在物联网领域，区块链技术可以用于实现设备之间的信任和数据交换。在数字版权领域，区块链技术可以用于确保数字内容的版权和分发权。

2）区块链技术的特点

（1）分布式数据库。上文提到区块链技术是一种去中心化的技术，不存在中央控制机构，这是其与传统数据库最本质的差异。从技术层面上来看，区块链技术是一个分布式的数据库。传统数据库将所有数据存储在一个中心处理器中，由该处理器数据共同管理维护。而区块链技术中的数据是通过多个节点的协作和共识机制来进行更新和维护，从而实现多个节点之间的数据同步和共享。这样一来，即使某一个节点的数据被攻击、损坏，其他各个节点的数据仍然是完整存储的，使数据的可信性和安全性大幅提升。

（2）不可篡改。区块链技术通过密码学算法确保信息的完整性和安全性，其中哈希算法是一个重要组成部分。哈希算法将任意长度的消息映射为固定长度的哈希值，哈希值的特点是不可逆且不同的消息产生的哈希值是不同的。在区块链中，每个区块都包含了前一个区块的哈希值，这为区块链的安全性提供了保障。由于哈希值的不可逆性，任何人都无法修改或删除已经存在的区块，从而保证了区块链的可信度和安全性。

（3）可追溯性。在区块链技术中，时间戳是指一个精确的时间记录，用于记录区块链上的每个区块生成时间。每个区块的时间戳记录了该区块被打包的时间，通常使用 Unix 时间戳的形式，即自 1970 年 1 月 1 日以来的秒数。时间戳的作用是确保区块链中的每个区块按照时间顺序生成，并且防止区块链中的数据被篡改，从而保障了区块链数据的完整性和安全性。此外，在区块链中，每个交易都会被多个节点验证和记录，而每个区块中包含了多个交易记录。如果两个交易记录包含了相同的输入地址和输出地址，那么就存在双重支付的风险。时间戳可以用于追溯每个交易的数据，从而避免双重支付等欺诈行为的发生。

（4）智能合约。智能合约是一种基于区块链技术的自动化合约程序，能够自动执行某些预定条件下的业务流程。智能合约可以被编写成在特定条件下自动执行，如在区块链上的特定事件发生时触发自动执行，或者当特定条件达成时自动执行。智能合约可以自动执行复杂的业务逻辑，如检查数据的完整性、验证身份、执行支付等操作。智能合约可以应用于各种领域，如金融、物流等。在金融领域，智能合约可以用于自动执行支付、结算和交易等操作。在物流领域，智能合约可以用于自动执行货物追踪、交付和支付等操作。

2. 区块链技术在"迪链"平台中的作用分析

在上文对区块链技术的概念及特点介绍的基础上，本部分进一步分析区块链技术在"迪链"平台上的应用效果，将从数字化票据、智能化合约平台以及全流程监控平台三个角度进行分析，探究比亚迪在"迪链"平台上是如何通过引入区块链技术来解决供应链链上企业间信息不对称问题，以及利用新型运作模式来改善链上企业的融资困境的。

1）数字化票据

中小企业作为市场的重要组成部分，面临成本、融资和技术等多种困境。特别是在资金短缺的情况下，赊销成为它们扩大销路、增加收入的主要方式。然而，这种经营方式也带来了应收账款的不断增加，而且大企业作为供应链上的重要角色，往往无法按时支付款项，导致供应商延长还款日期。这种矛盾关系在传统票据模式下难以解决，给中小企业的融资和经营带来了很大的压力。

比亚迪通过引入区块链技术构建"迪链"平台来解决中小企业融资难的问题。区块链技术可以将应收账款转化为数字资产。比亚迪通过"迪链"将比亚迪及其链上企业连接起来，将真实的交易背景产生的票据作为链上的数字资产进行融资。由于区块链技术的去中心化，数字资产具有可拆分性的特征，突破了以往传统供应链金融应收付账款票据不可拆分的局限。这样一来，链上企业可以凭借自身所拥有的数字交易凭证更灵活、更自主地选择融资规模，提高了融资效率。

图 6.7 为"迪链"凭证拆分流程。供应商与比亚迪在"迪链"平台上进行交易活动。供应商在平台上与比亚迪签订交易合约后，"迪链"平台会向供应商签发由核心企业比亚迪以信用作为背书的"迪链"凭证。一级供应商拿到"迪链"凭证以后，可以对凭证进行拆分，分别用来与二级供应商进行交易并支付货款。同样地，二级供应商在拿到"迪链"凭证后，也可以进行拆分，以此来满足与更上一级供应商的交易往来。"迪链"凭证成为供应链上的硬通货，这突破了传统供应链金融中传统票据无法拆分的限制。此外，链上的企业还可以用这些数据凭证作为数字资产，向平台上的金融机构进行融资。由于比亚迪的信用担保，且去中心化的数字凭证更加透明、安全，金融机构更有意愿向链上企业进行融资，在一定程度上解决了链上企业的融资困境、提高了融资效率、降低了链上企业融资成本。

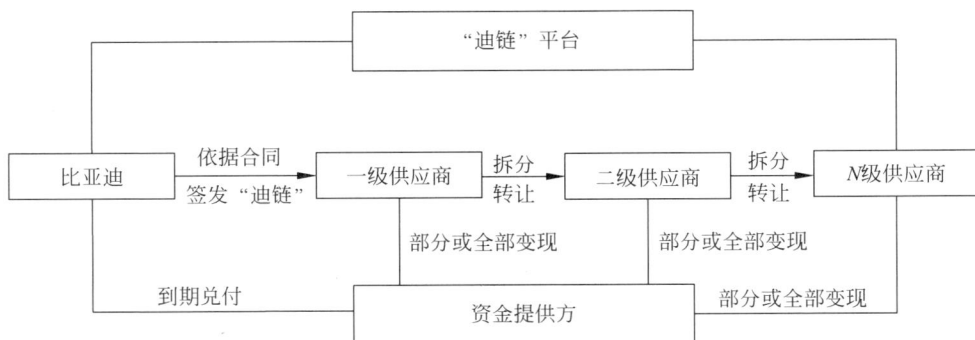

图 6.7 "迪链"凭证拆分流程

2）智能化合约平台

由于比亚迪供应链上的供应商数量庞大，且分布在全球各地，因此对比亚迪与上游供应商的交易造成了困难，纸质合同不但签约成本高、签约效率低，安全性也难以保证。比亚迪无法时刻跟踪监测如此庞大数量的供应商，也使金融机构难以评估融资票据的真实性，从而导致链上企业的融资困境。"迪链"平台可以解决这个问题，因为引入区块链技术，比亚迪、供应商以及金融机构都可以在平台上进行一键签约，而且签署的智能化合约易于比亚迪后续的跟踪管理，使交易活动更加高效、安全。

"迪链"平台的合约签署过程包括拟订合同、签约合同、履行合同三个环节。在拟订合同环节，"迪链"平台拥有灵活的合同模板，供应商可以根据自己的业务种类、交易规模等选定合适的模板与比亚迪签约。在签约合同环节，供应商与比亚迪也不用付出大量的人力、物力，而是直接在平台上一键签约。"迪链"平台借助"上上签"电子签约技术，能够安全、高效地完成签约环节。合约签订后，每一笔交易都会生成一个"迪链"编码。金融机构可以在平台上通过该编码验证合同的真实性，比亚迪也能够根据"迪链"编码对每一笔交易进行智能化跟踪管理，确保合同约定业务按时、准确地完成。通过智能化合约管理，"迪链"能够帮助比亚迪提升运营效率，以及整条供应链的稳定性与安全性。

3）全流程监控平台

在供应链金融中，上游企业主要依赖于应收账款进行融资，而下游企业则通过存货和预付账款进行融资。然而，不管是哪种形式的融资，在供应链金融中都需要对风险进行有效的控制和管理。为确保交易的真实性与资金安全，不同参与企业产生的各种贸易信息需要全程监控。"迪链"平台借助大数据、云计算等多种先进技术，实现了对供应链交易与融资的全流程监控。通过对供应链交易数据进行分析和挖掘，平台可以为金融机构提供更加准确的风险评估和控制。此外，平台还提供了全面的供应链金融工具，如应收账款质押、存货质押、预付款融资等，以满足不同企业的融资需求。通过"迪链"平台的使用，企业可以更加便捷地获取融资，并且可以更加安全地进行供应链交易。

"迪链"平台会对比亚迪供应链上企业进行准入审核。在进入比亚迪供应链之后，供应商企业需要按照"迪链"平台要求提交相关信息证明进行信用风险评估。"迪链"全面、严格把控准入标准，以提升比亚迪供应链企业的综合质量。同时，对在链上提供融资的金融机构等，"迪链"也有一个相应的审查系统，以此来保障供应链上资金流通的安全，从源头上对供应链风险进行把控。

企业通过资格审查加入"迪链"平台后，与比亚迪以及链上各企业进行的交易活动都将依托于"迪链"平台，每一笔交易活动都将被记录在数据库。平台通过区块链技术对每一笔交易进行溯源、跟踪、监管，利用大数据等技术对交易活动进行数据分析，对可疑交易进行验证，实时把控资金流向，严格控制风险。同时，"迪链"平台通过对交易活动的实时监测，也能够及时了解供应链上企业的融资动向和交易需求，能够促进供应链上资金更加高效地流通，以达到有的放矢地对比亚迪的整条供应链进行管控。

6.3 "迪链"供应链金融实施效果分析

从"迪链"的实际应用出发，分析比亚迪自推出"迪链"供应链金融平台之后的营运能力和盈利能力变化，并建立综合指标来全面评估"迪链"供应链金融平台的实施效果。

6.3.1 "迪链"改善融资效果分析

"迪链"供应链金融平台旨在帮助比亚迪汽车实现更高效、更可持续的发展，它采用"区块链技术＋供应链金融"，以解决上游企业融资难题，从而提升企业的盈利能力和经营效率。

通过"迪链"平台，比亚迪能够有效地减轻上游供应商的融资负担，并且能够更好地满足其融资需求。本节将深入探讨"迪链"供应链金融如何为比亚迪的上、下游企业提供更多的融资机会，以及它能够提供的融资覆盖作用。

比亚迪的"迪链"供应链平台为客户创造了一种全新的融资模式，它将比亚迪的"应收账款"转化为实际财富，使客户能够实际获得比亚迪的收益，同时也能够实现比亚迪的财富增值。比亚迪的应付账款具备良好的流动性，使它能够被转移到其他途径，从而为不同层次的企业创造投融资机遇。而"迪链"供应链金融网络平台的出现，将为这些企业创造更加便利的融资渠道，从而提高它们的应收账款周转率。

通过对"迪链"供应链金融的实际应收账款周转率的分析，我们可以更好地评估"迪链"供应链金融的有效性，从而更好地为供应商提供融资服务。

表 6.8 为 2017—2022 年比亚迪核心供应商应收账款周转率。本书选择了比亚迪核心供应商中的 5 个上市企业，分别为：福耀玻璃工业集团股份有限公司（福耀玻璃）、深圳市银宝山新科技股份有限公司（银宝山新）、惠州市德赛西威汽车电子股份有限公司（德赛西威）、蓝黛科技集团股份有限公司（蓝黛科技）、科大讯飞股份有限公司（科大讯飞）。从表 6.8 中可以看出，在 2018—2020 年这 3 年中，比亚迪核心供应商的应收账款周转率均有明显的增长，且存在上升趋势。因此可以判断，"迪链"供应链金融平台的实施使比亚迪的核心供应商获得了更多的贷款，进而提高了其经营效率。

表 6.8　2017—2022 年比亚迪核心供应商应收账款周转率

供应商	2017 年	2018 年	2019 年	2020 年	2021 年	2022 年
福耀玻璃	5.09	5.53	5.99	5.54	5.87	5.87
银宝山新	3.99	3.71	4.23	5.56	4.46	3.47
德赛西威	5.06	4.42	3.84	3.98	4.24	3.30
蓝黛科技	2.93	2.44	2.88	4.36	4.29	2.60
科大讯飞	2.50	2.66	2.38	2.47	2.83	1.51

资料来源：Wind 数据库。

此外，本书还选择了深圳市强瑞精密技术股份有限公司（强瑞技术）、南通超达装备股份有限公司（超达装备）、烟台石川密封科技股份有限公司（密封科技）、北京三维天地科技股份有限公司（三维天地）、江苏天奈科技股份有限公司（天奈科技）5 家供应商。Wind 数据库显示，从交易金额来看，比亚迪是这 5 家供应商的前五大客户之一。

从表 6.9 中可以看出，2017—2022 年，这 5 家供应商中，强瑞技术的应收账款周转率在 2018 年"迪链"平台推出后有过上升趋势，超达装备、三维天地、天奈科技均大体呈现出逐渐下降的趋势。2021 年之后 5 家供应商均呈现下降趋势可能是受到疫情影响以及比亚迪自 2020 年以来销量不断上涨对上游供应链压力增加所致。但这也说明，"迪链"供应链金融平台推出后，对上游供应商融资的改善作用有限，其无法承受住比亚迪销量猛涨带来的供应链压力。

表 6.9　2017—2022 年以比亚迪为主要客户的供应商应收账款周转率

供应商	2017 年	2018 年	2019 年	2020 年	2021 年	2022 年
强瑞技术	2.76	3.59	3.35	3.35	2.87	1.86
超达装备	5.07	3.94	3.37	3.37	2.57	2.13
密封科技	4.25	3.53	3.32	3.32	3.78	2.47
三维天地	3.74	3.66	3.66	2.95	1.69	0.52
天奈科技	6.54	5.28	5.28	4.96	4.43	3.07

资料来源：Wind 数据库。

以上分析说明，"迪链"供应链金融在实际应用中，可以对比亚迪供应商的融资情况起到改善作用，但对比亚迪供应商融资覆盖的作用有限。

6.3.2　"迪链"改善比亚迪运营能力效果分析

"迪链"供应链金融为比亚迪提供了一种有效的融资模式，从理论上讲，"迪链"可以通过改善企业的资金运营状况有效地提升企业的营运能力，使比亚迪能够更好地管理和利用经济资源，实现企业的长期发展。本节将对比亚迪的营运能力进行分析，包括从时间上纵向对比和与同行业横向对比两个角度，来探究比亚迪的营运能力在"迪链"供应链金融平台实施以后是否得到改善。

1. "迪链"改善比亚迪营运能力效果的纵向对比

通过之前的分析，"迪链"供应链金融平台通过引入数字凭证，大大改善了上下游企业之间的信息不对称状况，为它们提供了更多的融资渠道，大大促进了供应链内部的产品交易，极大地提升了比亚迪的流动资产运转效率，进一步增强了比亚迪的营运能力，最终实现了比亚迪在市场上的领先地位。

比亚迪的成功取决于它的资源配置和管控策略。通过有效地管控资产和流动资产，比亚迪不仅能够有效地控制成本，还能够有效地降低风险。"比亚迪"的供应链金融技术为比亚迪带来了更多的资源，如通过快速收购和销售，比亚迪的资产和流动资产都会更快地流动。这些措施有助于比亚迪的资产和流动资产的有效利用，以及比亚迪的市场份额和销售额的增长。比亚迪通过提升流动资金的利用效率，从而降低其生产、销售等环节的耗费，提升其流动资金的周转率；同样，比亚迪的供应链管理的效率提升，使其营收的效益提升，从而实现比亚迪的长效发展。因此，本书选择对比亚迪的存货周转率、应收账款周转率、流动资产周转率与营业周期进行分析。

表 6.10 显示了 2018 年 3 月—2022 年 9 月比亚迪应收账款周转率、存货周转率、流动资产周转率与营业周期。整体上，比亚迪的应收账款周转率、存货周转率、流动资产周转率有所提高，营收周期有所缩短。这说明，比亚迪的经济效益正在不断提升，其发展前景也越来越乐观。尽管存货周转率存在一定的波动，但总体来看，它正在稳步增长。比亚迪的流动资产周转率大体上呈现出上升的趋势，由 2018 年 3 月的 0.24 上升到 2022 年 9 月的 1.4。应收账款周转率明显上升，从 2018 年 3 月的 0.47 上升到 2022 年 9 月的 7.31。本节在介绍"迪链"供应链金融平台产生的背景时，分析出在"迪链"平台推出前，比亚迪下游经销商对比亚迪资金的占用问题明显。

表 6.10 比亚迪 2018 年 3 月—2022 年 9 月营运情况

日 期	营业周期/天	存货周转率	应收账款周转率	流动资产周转率
2018 年 3 月	287.51	0.92	0.47	0.24
2018 年 6 月	270.26	2.03	0.99	0.50
2018 年 9 月	248.76	3.10	1.67	0.82
2018 年 12 月	226.94	4.14	2.57	1.19
2019 年 3 月	270.32	0.69	0.64	0.26
2019 年 6 月	263.43	1.52	1.24	0.54
2019 年 9 月	257.96	2.29	1.93	0.83
2019 年 12 月	241.10	3.28	2.74	1.15
2020 年 3 月	369.95	0.50	0.47	0.19
2020 年 6 月	252.16	1.48	1.38	0.56
2020 年 9 月	220.69	2.36	2.54	0.98
2020 年 12 月	196.68	3.64	3.68	1.43
2021 年 3 月	184.39	0.91	1.05	0.33
2021 年 6 月	172.54	1.91	2.30	0.75
2021 年 9 月	164.62	2.94	3.70	1.13
2021 年 12 月	149.34	4.24	5.58	1.56
2022 年 3 月	136.05	1.02	1.88	0.39
2022 年 6 月	124.45	2.23	4.10	0.86
2022 年 9 月	119.13	3.28	7.31	1.40

资料来源：Wind 数据库。

比亚迪应收账款周转率的提高，说明"迪链"供应链金融使比亚迪的资金回笼更加迅速，也说明了"迪链"促进了资金在比亚迪的供应链上流动更加高效。

由此分析可得，"迪链"供应链金融平台的运作模式显示出了显著的效果，的确能够提升比亚迪的营运能力。

"迪链"供应链金融服务的出台，不仅有助于减轻下游中小企业的投融资压力，还有助于提升比亚迪的经济效益和社会影响。此外，这种经济效益和社会影响还将有助于比亚迪的市场占有率的持续攀升，进一步推动其发展壮大，使其销售量和收益都将有所提高。表 6.11 显示了 2018 年 11 月—2023 年 2 月比亚迪汽车市场份额的变化情况。比亚迪的市场份额自 2018 年起显著增长，尤其是从 2021 年 9 月至 2023 年 2 月，比亚迪的累计份额从 3.00% 一路涨至 11.80%。

表 6.11　2018 年 11 月—2023 年 2 月比亚迪汽车市场份额的变化情况　　　　　%

时　　间	当月份额	累计份额
2018 年 11 月	2.40	
2018 年 12 月	2.60	
2019 年 1 月	2.80	
2019 年 3 月	2.60	
2020 年 3 月	2.90	
2021 年 4 月	2.70	
2021 年 6 月	3.10	
2021 年 7 月	3.90	
2021 年 8 月	4.60	
2021 年 9 月	4.90	3.00
2021 年 10 月	5.10	3.30
2021 年 11 月	5.30	3.50
2021 年 12 月	4.60	3.60
2022 年 1 月	4.60	4.60
2022 年 2 月	7.10	5.50
2022 年 3 月	6.50	5.80
2022 年 4 月	10.00	6.60
2022 年 5 月	8.40	6.90
2022 年 6 月	6.80	6.90
2022 年 7 月	8.70	7.20
2022 年 8 月	9.00	7.50
2022 年 9 月	9.90	7.80
2022 年 10 月	11.20	8.20
2022 年 11 月	13.20	8.60
2022 年 12 月	10.30	8.80
2023 年 2 月	12.70	11.80

资料来源：Wind 数据库。

聚焦新能源车市场，比亚迪自从 2021 年 3 月宣布燃油车停产后便一直专注于新能源车赛道。2021 年至 2023 年，比亚迪在新能源车市场上的市场份额从 20% 左右一路攀升至 40%。因此可以看出比亚迪采用"迪链"供应链金融后，其经营效率和服务质量都得到了显著提高,营运能力也得到提升,这一点毋庸置疑。

总结来看,从比亚迪供应链自身的时间纵向角度观察,"迪链"供应链金融平台基本可以达到提升比亚迪营运能力的目的。

2. "迪链"改善比亚迪营运能力效果的横向对比

上文从比亚迪自身纵向对比的角度分析了比亚迪的营运能力,在此基础上,本部分将以长城汽车、长安汽车、小鹏汽车为对比对象,对其营运能力与比亚迪进行比较,以期更好地评估"迪链"供应链金融的实施效果。

本书选择了长城汽车、长安汽车、小鹏汽车 3 家汽车制造商作为横向参照样本。这 3 家汽车制造商和比亚迪的行业地位相当,处于同一水平。此外,这 3 家汽车制造商的主营业务都是乘用车,其中,小鹏汽车更是与比亚迪一样,专注于新能源车领域。不同的是,比亚迪的"迪链"供应链金融平台引入区块链技术,而这 3 家汽车制造商并没有建立自身供应链金融平台来对供应链金融进行升级。因此,通过比较比亚迪与长城汽车、长安汽车、小鹏汽车 3 家汽车制造商,可以更好地探究传统的供应链融资模式与引入区块链的"迪链"供应链金融的效果差异,从而更好地掌握未来的发展趋势。在这一部分,本书仍关注应收账款周转率、流动资产周转率和存货周转率,以此作为评估企业营运能力的重要参考。

由表 6.12 可知,自 2017 年以来,比亚迪由于体量大,其存货周转率、应收账款周转率一直低于汽车行业的均值,在与同行业可比公司的横向对比中也处在较低的水平。这些年来汽车行业整体的总资产周转率处于下降趋势,比亚迪前几年也随着行业下降,但是在 2018 年建成"迪链"供应链金融平台后,总资产周转率趋于稳定且有上涨趋势,这表明"迪链"平台在帮助比亚迪提高总资产周转率上起到了作用。

表 6.12 比亚迪同行业营运能力对比

项目	公司	年 份					
		2017	2018	2019	2020	2021	2022
存货周转率	比亚迪	4.61	4.14	3.28	3.64	4.24	
	长城汽车	14.09	16.26	14.92	12.02	10.29	
	长安汽车	11.59	11.81	14.53	13.43	113.7	
	小鹏汽车					9.17	6.62
应收账款周转率	比亚迪	2.26	2.57	2.74	3.68	5.58	
	长城汽车	144.44	46.39	29.1	28.98	29.15	
	长安汽车	48.41	41.23	62.81	56.76	55.1	
	小鹏汽车					11.04	8.2
流动资产周转率	比亚迪	1.17	1.19	1.15	1.43	1.56	
	长城汽车	1.64	1.47	1.43	1.23	1.31	
	长安汽车	1.24	1.25	1.52	1.38	1.28	
	小鹏汽车					0.47	0.58

由分析可知,"迪链"供应链金融平台的上线使其与同行业其他汽车制造商的营运能力差距明显缩小。由此可见,"迪链"供应链金融平台的推出,使比亚迪的营运能力得到了显著提升。

6.3.3 "迪链"改善比亚迪盈利能力效果分析

"迪链"供应链金融通过解决比亚迪供应链上供应商的融资困境，改善其营运能力，从而增强其经济活动能力，并期望带来更大的收益。因此，本节将通过分析比亚迪在推出"迪链"供应链金融平台之后的盈利能力的变化来对"迪链"的实施效果进行评价。本节将从比亚迪的现金流质量与盈利能力两个角度来进行评价分析。

"迪链"供应链金融平台通过引入区块链技术，有效地改善链上中小企业的融资状况，促进资金流动，推动产业链有序发展，从而有效地提升比亚迪的经济收益和整体竞争优势。"迪链"供应链金融的核心理念就是：通过它的技术手段来解决供应链上的信息不对称问题，从而大大缩短应收账款的时间、减轻上游企业的负担，并且极大地提升整个供应链的经济性，从而达到提升比亚迪盈利能力的效果，获得更多收益。

1. "迪链"对比亚迪现金流质量的效果分析

"净利润"和"经营性现金流"等都是用来衡量公司财务状况的重要指标。通过分析现金流质量，能够更全面地掌握公司的财务状况，并将其用于预测公司的未来发展。因此，本节选择销售商品、提供劳务收到的现金以及经营活动、投资活动、筹资活动产生的现金流量净额来衡量比亚迪的现金流质量，从而进一步分析"迪链"提高比亚迪盈利能力效果。

2018 年 3 月，比亚迪的"迪链"供应链金融平台正式投入使用，这一举措使比亚迪的现金流量显著改善。表 6.13 展示了 2018 年 3 月—2022 年 9 月衡量比亚迪现金流量的季度财务指标。从表 6.13 中可以看出，2022 年 9 月比亚迪的经营活动产生的现金流量净额已经由 2018 年 3 月的 −217.95 百万元变为 91 036.73 百万元，其经营活动产生的现金流量净额大幅提升，4 年来，公司的净流入增长超过 170%，而且，通过销售和提供服务，公司的市场份额和份额都显著增长。此外，比亚迪的投资活动产生的现金流量净额不断下降说明比亚迪仍处于扩张阶段，这也从近几年的企业投资动态可以看出，比亚迪紧抓新能源汽车风口，不断扩大投资，布局整个新能源汽车供应链。而筹资活动产生的现金流量净额下降至负数则意味着当年度比亚迪吸收的投资额小于偿还债务、分配股利等金额，说明比亚迪在不断缩小债务，经营活动产生的现金流量净额已经足以满足日常经营的需要，这也表明了比亚迪现金流质量不断提升。

表 6.13　2018 年 3 月—2022 年 9 月比亚迪现金流量相关指标　　　　百万元

时　　间	销售商品、提供劳务收到的现金	经营活动产生的现金流量净额	投资活动产生的现金流量净额	筹资活动产生的现金流量净额
2018 年 3 月	25 867.79	−217.95	−5 255.51	424 730.40
2018 年 6 月	47 309.39	−1 606.58	−8 104.55	1 079 038.10
2018 年 9 月	75 025.60	6 650.35	−8 812.48	670 397.30
2018 年 12 月	103 812.99	12 522.91	−14 230.76	391 651.10
2019 年 3 月	26 636.30	407.88	−5 654.89	668 073.10
2019 年 6 月	48 750.98	−2 064.50	−12 030.05	1 266 136.60
2019 年 9 月	77 347.30	3 832.67	−16 516.10	1 103 678.20
2019 年 12 月	107 166.12	14 741.01	−20 881.45	661 034.50
2020 年 3 月	1 9136.79	4 948.68	−4 489.67	−52 641.60
2020 年 6 月	55 224.39	15 538.45	−6 912.22	−755 856.90

续表

时　间	销售商品、提供劳务收到的现金	经营活动产生的现金流量净额	投资活动产生的现金流量净额	筹资活动产生的现金流量净额
2020 年 9 月	94 936.93	28 663.48	−10 018.91	−1 797 161.30
2020 年 12 月	138 666.92	45 392.67	−14 444.25	−2 890 741.80
2021 年 3 月	32 379.04	141.86	−4 797.70	2 043 511.40
2021 年 6 月	71 626.77	9 676.85	−12 918.83	1 063 952.30
2021 年 9 月	129 994.76	31 873.71	−22 289.54	934 553.80
2021 年 12 月	202 666.46	65 466.68	−45 403.99	1 606 251.70
2022 年 3 月	63 413.84	11 933.34	−12 596.29	−725 336.40
2022 年 6 月	152 837.48	43 185.17	−42 807.57	−900 232.60
2022 年 9 月	278 809.52	91 036.73	−83 657.43	−1 599 798.80

资料来源：Wind 数据库。

从上述分析总结来看，"迪链"供应链金融平台提高了比亚迪的现金流质量。

2. "迪链"改善比亚迪利润的效果分析

经过上文分析发现，比亚迪的现金流质量得到了显著改善。本部分将从利润角度深入探讨"迪链"供应链金融对比亚迪经营盈利能力的影响。

表 6.14 显示了 2018 年 3 月—2022 年 9 月比亚迪盈利水平相关的财务指标状况，可以看出比亚迪的经济效益明显改善。从比亚迪 2022 年的营业总收入、营业利润与销售净利率来看，各项指标较 2018 年都大幅度上涨，其中营业总收入从 24 737.57 百万元上涨至 267 687.85 百万元。

表 6.14　2018 年 3 月—2022 年 9 月比亚迪盈利水平相关的财务指标

时　间	营业总收入 / 百万元	营业利润 / 百万元	销售毛利率 /%	销售净利率 /%
2018 年 3 月	24 737.57	249.13	17.14	1.07
2018 年 6 月	54 150.93	980.59	15.93	1.61
2018 年 9 月	88 981.33	2 300.77	16.43	2.41
2018 年 12 月	130 054.71	4 241.76	16.40	2.73
2019 年 3 月	30 304.11	1 014.51	19.05	2.93
2019 年 6 月	62 184.80	1 789.09	17.14	2.65
2019 年 9 月	93 821.80	2 055.75	16.04	2.02
2019 年 12 月	127 738.52	2 312.29	16.29	1.66
2020 年 3 月	19 678.54	374.51	17.66	1.64
2020 年 6 月	60 502.99	2 948.12	19.60	3.94
2020 年 9 月	105 022.63	5 800.31	20.75	4.67
2020 年 12 月	156 597.69	7 085.77	19.38	3.84
2021 年 3 月	40 991.87	646.40	12.60	1.25
2021 年 6 月	90 885.40	2 216.24	12.76	1.99
2021 年 9 月	145 192.36	3 868.79	12.97	2.27
2021 年 12 月	216 142.40	4 631.99	13.02	1.84
2022 年 3 月	66 825.19	1 061.22	12.40	1.36
2022 年 6 月	150 607.25	4 622.12	13.51	2.61
2022 年 9 月	267 687.85	12 085.37	15.89	3.73

资料来源：Wind 数据库。

比亚迪的"迪链"供应链金融服务给它的供应商投融资带来了极大的方便，特别是对中小型供应商来说，"迪链"的数据支持使它们能够比传统的投融资方式更便捷地进行融资，有效地减轻流动性资金压力。2018 年以来，全球汽车行业市场低迷，又因为疫情以及地缘政治等因素导致原材料价格不断上涨。在这种关键时刻，比亚迪通过"迪链"供应链金融服务，为链上中小企业带来了许多融资方面的优惠政策，使它们能够更好地与比亚迪保持稳定的交易活动，从而增强公司的市场竞争力。这种做法既有助于缓解当前的宏观经济形势，又能够增强公司的市场竞争力，赢得客户的认可和支持，使比亚迪与供应商的合作关系更加稳定，并且不断加快产品的生命周期，不断拓展市场份额，使比亚迪的收益率有所增加。这从另一方面解释了为什么比亚迪在恶劣的市场环境下仍然能够保持业绩增长、显著提升盈利能力。

本章小结

从金融机构的角度来看，供应链金融的核心是以供应链为基础、以核心企业为主导，实现金融与实体经济的深度融合。

从核心企业的角度来看，供应链的核心企业作为首要的信用担保方，将会积极投入供应商金融服务的领域，为链上企业提供融资担保服务。

供应链金融融资模式包括应收账款融资模式、存货类融资模式、预付账款融资模式。

区块链技术是一种基于密码学、点对点网络和分布式存储等技术的创新性数据库技术。它采用一种去中心化的架构，使多个参与方可以在没有中央控制机构的情况下进行数据的验证、存储和交换。

复习与思考

1. 分别从金融机构和核心企业的视角阐述供应链金融的概念。

2. 供应链金融融资模式有哪些？

3. 区块链技术在"迪链"平台建设中发挥什么作用？

即测即练

绿色供应链（green supply chain） 绿色战略（green strategy）

绿色分销（green distribution） 绿色回收（green reclaim）

绿色营销（green marketing） 绿色设计（green design）

绿色制造（green manufacture） 绿色渠道（green channel）

可持续发展思想是人类在其自身改造与适应自然界过程中出现资源、环境、人口三者之间的矛盾时提出的发展战略，绿色供应链管理（green supply chain management，GSCM）是可持续发展思想在制造业中的体现。绿色供应链管理作为一种创新型环境管理方式，在传统供应链管理中融入全生命周期、生产者责任延伸等理念，依托上下游企业间的供应关系，以核心企业为支点，通过绿色供应商管理、绿色采购等工作，持续带动链上企业提升环境绩效。本章聚焦环旭电子绿色供应链管理实践，探索其管理模式及其实施效果分析。

7.1 绿色供应链的理论基础

7.1.1 绿色供应链管理的产生

人类物质文明发展中对资源使用量的急剧扩张，已经造成对环境和资源的破坏及绿色平衡的失调。因此，20 世纪 90 年代以来，大多数国家相应地调整了自己的发展战略，全球性的产业结构呈现出绿色战略趋势，绿色工艺、绿色产品、绿色产业不断出现。由于一个产品从原材料开采到最终消费，其间经历了很多生产和流通过程，因而，绿色战略就不仅是某个工艺、某个产品、某个企业所能解决的问题，它涉及整条供应链中所有企业的各项活动，绿色供应链管理在这个时候便应运而生。传统的供应链管理仅仅是基于供应链上企业利益最大化的管理，虽然它也涉及原材料、能源的节约，但这只是考虑到企业的成本和企业内部环境的改善，并没有充分考虑在制造和流通过程中所选择的方案对周围环境和人员所产生的影响，以及使用产品的废弃物和排放物如何处理、回收与再利用等。因此，其对资源和环境的可持续发展的作用十分有限。

传统工业像一把双刃剑，在给人类带来财富和文明的同时，也带来了负效应。靠高投入、高消耗求得增长，结果导致极度物耗和污染。有鉴于此，作为创造人类财富的制造业，如何在最大限度地利用资源和最低限度地产生污染的前提下生产出产品，已成为制造企业界和学术界最关心的问题之一。有一些学者开始对返回物流进行研究，要求制造商通过环境准则来选择合适的原材料，合理回收利用产品和包装物，以达到成本最低、对环境影响最小的目的。研究逐渐地向从供应商的选择、逆向物流向产品及工艺流程的设计，加工制造到物流管理、产品营销、废弃物的回收处理等整条供应链的各个环节扩展。在供应链中考虑环境因素的研究早在 20 世纪 70 年代即被提出，当时只是作为物流管理研究的一个次要方面。大规模、有意识地研究绿色化物流是在 20 世纪 90 年代初。1994 年，Webb 研究了一些产品对环境的影响，建议通过环境准则来选择合适的原材料，同时注重再生利用，并提出了绿色采购的概念。与此同时，英国工程和物理科学研究委员会（EPSRC）以及英国汽油股份有限公司等 20 多个公司资助一项名为"ESRC 全球环境变化计划"的研究，也将绿色供应链作为主要方向。美国国家科学基金会（NSF）资助密歇根州立大学的制造研究协会（MRC）40 万美元，用于进行一项"环境负责制造"（ERM）研究，该研究于 1996 年正式提出了绿色供应链的概念，并将其作为一个重要的研究内容。绿色供应链管理是在供应链管理的实践和理论日趋完善的基础上，融入"绿色"概念发展而来，可以说供应链管理技术和实践的完善为绿色供应链管理的实施提供了有力的技术支持。另外，可持续发展理论，特别是循环经济理论在企业管理实践中的发展，为绿色供应链管理的产生奠定了良好的思想理论基础。

7.1.2　绿色供应链管理的定义

在对绿色供应链管理的研究过程中，国内外学者都试图对其作出一个明晰的定义。

Narasimhan 和 Carter 把绿色供应链管理定义为："采购部门在废物减少再循环再使用和材料替代等活动中的努力。"

刘斌等认为："绿色供应链是一种在整个供应链内综合考虑环境影响和资源效率的现代管理模式，它以绿色制造理论和供应链管理技术为基础，涉及供应商和用户，其目的是使产品从物料获取、加工、包装、仓储、运输、使用到报废处理的整个过程中对环境的影响（副作用）最小，资源效率最高。"绿色供应链管理考虑了供应链中各个环节的环境问题，注重对于环境的保护，促进经济与环境的协调发展。

朱庆华认为："绿色供应链管理就是在供应链管理中考虑和强化环境因素，具体说就是通过与上、下游企业的合作以及企业内各部门的沟通，从产品的设计、材料的选择、产品制造、产品的销售以及回收的全过程中考虑环境整体效益最优化，同时提高企业的环境绩效和经济绩效，从而实现企业和所在供应链的可持续发展。"

概括而言，绿色供应链管理主要指在供应链的计划、组织、协调、控制等过程中，以节约资源、保护环境、提高供应链企业的综合效益为主要目的，充分发掘和利用各种现代管理技术手段，有效整合企业资源，实现供应链企业的可持续发展。

参考汪应洛等的研究成果，绿色供应链管理的概念模型如图 7.1 所示。

在该模型中，绿色供应链管理被划分为 GSCM 运作系统、GSCM 支持系统、环境系统及社会系统四个子系统。GSCM 运作系统包括从资源的投入产品制造的全过程；GSCM 支持系统包括消费者最终消费的过程；环境系统包括资源的获取和废弃物的回收与再生；社会系统主要从规制、文化和伦理等因素方面提供引导、激励、约束，进而使

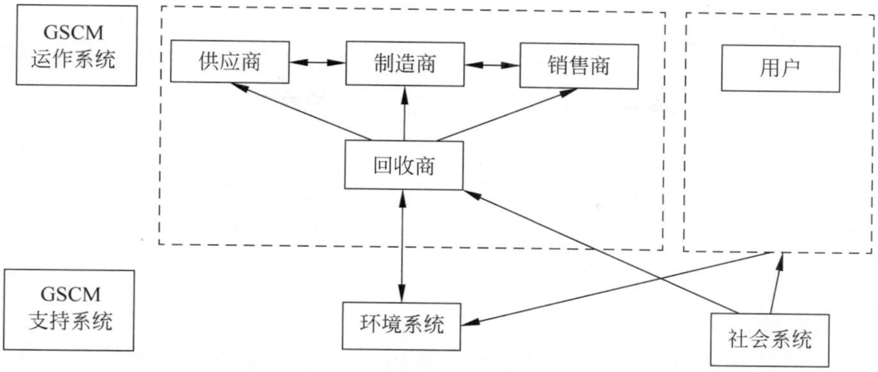

图 7.1　绿色供应链管理的概念模型

其行为主体的活动与环境相容。在各个节点之间流动的不仅是物质，还包括各种信息，并最终达成一种动态的平衡。

　　绿色供应链管理的最初目的是提高企业的环境绩效，以适应日益严格的环境法规及日益提升的公众环境意识的要求。其最终目标是实现企业在经济效益、社会效益和环境效益方面的"共赢"，进而促进企业的可持续发展。如果说企业实施绿色供应链管理之初多少还有些迫于外界的压力，那么，随着绿色供应链管理的实施，效率提高带来的经济收益、创新带来的竞争优势、持续改进的产品质量、不断提升的企业形象等一系列综合效益，则使企业逐步认识到实施绿色供应链管理是企业可持续发展的一种有效途径。

　　关于"绿色供应链管理"这一概念的定义，目前尚没有公认的说法，我国颁布的国家标准《物流术语》中也没有涉及这一概念。关于绿色供应链，除了可以基于供应链的定义加以理解外，更为重要的是应该从管理的视角加以理解。也就是说，绿色供应链仍然是供应链，无外乎其管理的视角和出发点有所不同。因此，有了绿色供应链管理的定义，绿色供应链就无须再进行定义描述了。借鉴众多研究学者的提法，绿色供应链管理可以做如下定义。

　　绿色供应链管理，也被称为环境意识下的供应链管理（Environmentally Conscious Supply Chain Management），是一种全新的设计理念。它将生态设计的理念贯穿于整个供应链过程，包括产品开发与设计、原材料采购、生产组织、分销供应，直至最终消费以及废弃物的回收再利用。通过供应链中各企业之间的紧密合作，以及企业内部各部门的协同努力，绿色供应链管理旨在实现整个供应链系统在内外部环境管理上的最优化协调与统一。

　　对于这一定义的理解，应该把握以下几个方面。

1. 绿色供应链管理是"面向未来"的供应链管理模式

　　面向未来发展，企业需要秉持一系列的前沿发展理念，绿色供应链管理便是其中之一。在坚持可持续发展理念和社会生态市场营销导向的前提下，企业需要在供应链各个环节中综合考虑环境影响和资源利用效率的问题。其目的是使产品在从原料获取、加工、包装、存储、运输、使用到报废处理的整个过程中，注重对环境的保护，进而促进经济与环境的协调发展，并防止企业因过度追求经济效益，大量消耗人类社会的有限资源，从而导致环境污染和生态失衡。因此，绿色供应链管理是企业管理面向未来的发展方向。

2. 绿色供应链管理是"全过程"的绿化管理

在整条供应链中，虽然一些位于关键环节的企业对于环境管理制定并实施了严格的内部标准，但它们的上游供应商和下游分销商却并不一定遵守同样的标准，这就使供应链环境管理的整体性和系统性遭到破坏，根本无法达到关键环节企业的环保目的，并造成了一定程度的资源浪费。为了解决这个问题，应该将有关系统和整合的思想引入供应链环境管理中。因此，绿色供应链管理不仅是一个企业的问题，而且是一个涉及从资源获得到最终消费的整条供应链上所有企业的问题。

3. 绿色供应链管理的核心

绿色供应链管理的核心是"生态管理"视角下的协调与合作能否从真正意义上构建一个绿色供应链，这取决于供应链上企业的协调与合作能否顺利开展。一方面，在供应链中应该有一家面向市场的龙头企业或者下游企业发挥牵引作用，从而使得整条供应链"绿化"的开展具有基于市场的"牵引动力"；另一方面，在统一的"生态管理"视角下，在内外部环境兼顾的前提下，还要深化企业间的协调与合作的关系，通过成本利益共享，实现对包装工艺、包装材料的更新，以最大限度降低对原材料的浪费，并共同创造出绿色企业间的合作形象。

7.1.3　绿色供应链与传统供应链的关系

1. 供应链的特征

供应链是由供应商、制造商、分销商、零售商以及最终消费者等所有成员组成的一个网链结构。这些成员组成供应链的各个节点，上、下节点之间是一种需求与供应关系。供应链主要具有以下特征。

（1）复杂性。因为供应链节点企业组成的跨度（层次）不同，供应链往往由多个、多类型甚至多国企业组成，所以供应链结构模式比一般单个企业的结构模式更为复杂。

（2）动态性。为适应企业战略和市场需求变化，供应链中的节点企业需要动态地更新，这就使得供应链具有明显的动态性。

（3）面向用户需求。供应链的形成、存在、重构，都是基于一定的市场需求，并且在供应链的运作过程中，用户的需求是供应链中物流、信息流和资金流运作的驱动源。

（4）交叉性。节点企业可以既是这条供应链上的成员，同时又是另一条供应链上的成员，众多的供应链形成交叉结构，增加了协调管理的难度。

2. 绿色供应链与传统供应链的相同之处

绿色供应链与传统供应链一样，由所有加盟的节点企业组成，一般有一家核心企业，在需求驱动下，通过节点企业的分工与合作，以物流、信息流和资金流为媒介实现整条绿色供应链增值。

3. 绿色供应链与传统供应链的不同之处

（1）研究的领域不同。绿色供应链管理涉及的问题领域包括三部分：供应链管理问题，环境保护问题，资源优化问题。绿色供应链管理就是这三部分内容的交叉和集成，而传统供应链管理很少涉及环境保护和资源优化的问题。

（2）获得的效益不同。传统上，企业的唯一目标是追求最大的经济效益。企业为了追求自身利益，势必以牺牲外部利益为代价，却不愿意承担社会责任。绿色供应链管理则综合考虑经济效益、环境保护、资源节约三个效益的统一。

（3）传递的信息不同。传统供应链的信息传递非常普遍，几乎无处不在、无时不有，而绿色供应链管理还增加了环境影响信息和资源保护信息的传递，并且对供应链管理的信息流、物流、能量流进行有机的结合，系统地加以集成和优化。

（4）管理的过程不同。绿色供应链管理经历设计、采购、制造、销售、使用、回收处理的整个闭合循环过程，它涵盖了产品生命周期的每一过程。但是传统供应链管理则只是从供应商到消费者的一个单向过程，其过程可形象地称为从摇篮到坟墓。

（5）追求的目标不同。传统供应链管理的功能目标只包含 T（时间）、Q（质量）、C（成本）、S（服务）四个目标。而绿色供应链管理的功能目标则包括 T（时间）、Q（质量）、C（成本）、S（服务）、E（环境）和 R（资源）这六个因子的目标。

7.1.4 绿色供应链的发展意义

1. 绿色供应链的发展有利于我国"生态社会"的建立，并促进经济的可持续发展

随着我国经济的高速增长，对自然资源的消耗必然会急剧增加。与此同时，由于缺少必要的保护措施，对环境资源的过度开发和废弃物对环境的过度污染，又严重地破坏了自然生态系统。在政府的督促和规制下，严重的环境问题必将迫使企业为治理污染而增加投入，从而提高产品的成本；而与企业的损失相比，社会成本则显得更大。此外，我国已加入 WTO，由于关税壁垒的消除，我国的产品又面临国际"绿色壁垒"的严峻挑战。在这样的背景下，实现供应链的"绿色化"就显得格外重要。只有对原材料供应、产品制造、销售和废弃物回收整个过程进行环境管理，实现整条供应链"绿色化"，才能真正提高我国产品在国际市场上的竞争力。

绿色供应链管理所采用的全新的生态设计使企业减少了对能源和原材料的使用，为企业节约了生产成本，减少了环境治理的费用，如排污费、废弃物处理成本等，同时也可以降低最终产品的生命周期成本，而最终消费者只需付出更低廉的价格就能得到更安全、更环保的产品。因此，从供应链的源头抓起，强调绿色供应链的战略合作伙伴关系，特别是加强与上游供应商在环保方面的合作关系，对于帮助我国企业走出"末端治理"的误区，真正实现没有资源与废弃物之分的完全循环的生产方式，从而降低我国企业和整个社会的内部环境与外部环境成本，对于构筑循环型的"生态社会"有着极其重大的发展意义。正如供应链管理能在激烈的市场竞争中为企业带来竞争优势和巨大的经济效益，融入环境理念的绿色供应链管理将不仅给企业带来比以往更大的经济效益，更重要的是给社会带来无价的环境效益和社会效益。

2. 实施绿色供应链管理将使我国企业的"绿色营销"迈向更高的发展平台

21 世纪是绿色的世纪，绿色消费将成为一个重要的发展主题。近年来，绿色营销在我国发展迅速，一些企业纷纷打出这一旗帜来抢占这一主题市场。然而，在我国企业绿色营销活动开展的众多层面，存在许多不规范、不完善的地方。比如，绿色营销的开展缺少政策鼓励支持和绿色分销通路的支撑等。无论是绿色产品的开发和绿色品牌的培育，还是绿色企业形象的树立和绿色企业文化的发展，如果脱离了绿色供应链管理的发展支

撑，都将失去发展的根基。

在绿色供应链管理下，企业的所有行为都是建立在全体供应链节点企业之间对话基础上的，通过系统整合最优化的生态设计，每家企业的环境管理难度和所承担的环境风险都会有所降低。并且，供应链上游所取得的生产绿色化方面的成就可以在供应链后续过程中得到放大。因此，实行绿色供应链管理的企业不仅自身更容易达到环保标准，还可以促进供应链上其他企业环保达标，进而给供应链上企业带来良好的声誉和绿色产品的品牌形象，从而扩大产品的市场。

绿色营销呼唤着绿色供应链管理，绿色供应链管理所带来的"全过程绿化管理"将使供应链下的企业"群体性绿色营销活动"成为可能，并为客户或顾客提供更多的让渡价值和增值服务。可以认为，绿色供应链管理是个别企业绿色营销的发展升级，只有在绿色供应链管理支撑下的企业绿色营销才是真正意义上的绿色营销。

3. 实施绿色供应链管理将极大地提高我国企业"供应链竞争"的能力

随着经济全球化进程的推进，产品更新换代的速度不断加快，柔性制造系统的使用日趋普遍。企业为了保持自身的竞争力，向上联合原材料供应商，向下联合产品分销商，形成了一条从原材料供应商经由产品制造商再到产品分销商的供应链。在当今社会经济环境下，供应链管理在一定程度上提升了企业的市场竞争力，并使竞争超出了传统范畴内的企业与企业之间单个的竞争，演变成一种规模化的竞争，是一个市场和另一个市场的竞争，是一条供应链与另一条供应链的竞争。而供应链竞争能力主要体现在三个方面：一是低成本能力，即供应链上所有企业的综合成本的竞争；二是快速反应能力，即供应链企业间的反应速度的竞争；三是顾客价值创造能力，即面向终端的最大化的顾客让渡价值创造的竞争。绿色供应链管理实施，在原有的供应链管理基础上，将极大地提高上述三个方面的能力。

企业界应该达成这样一个共识：末端的环境治理支出是一种纯粹的成本，而有效的环境管理对企业而言则是一种提高核心竞争力的新机遇。绿色供应链管理正是这样一种可实现经济和环境"双赢"的管理模式，这种"双赢"将扩展到供应链上的所有企业，对提高我国企业在世界经济中的竞争力具有重要的现实意义。

7.2 环旭电子绿色供应链实践

虽然供应链管理涉及商流、物流、信息流和资金流这"四流"，从管理构成内容上来看并不仅仅是物流的管理，但有些人还是愿意从物流管理的角度来看待它，并认为供应链管理是跨企业的物流管理。从管理层面来看，绿色供应链管理是一种战略管理，而从经营管理过程来看，供应链管理侧重于物流的管理，因为"供应"二字表明了在供应链中物流的主导性。同样，绿色供应链管理也是一种战略管理，只不过其要求在从产品设计、原材料采购、产品制造到产品销售以及回收的全过程中考虑环境整体效益最优化。因此，要成功地实施绿色供应链管理，使之成为企业取得竞争力的武器，就必须抛弃传统的环境管理的思想，确立其战略地位，把企业内部及供应链企业之间的各种业务看作一个整体功能过程，形成一个集成化的环境管理体系。

7.2.1 环旭电子简介

环旭电子股份有限公司（USI）简称环旭电子，是日月光集团旗下环隆电气股份有限公司的控股子公司，环旭电子于 2003 年创立于上海，2012 年在上海证券交易所挂牌上市。作为电子制造服务行业的大型设计和制造服务提供商，环旭电子是 SIP（system in a package，系统级封装）模块领域的行业领导者。环旭电子主要为国内品牌厂商提供信息通信、消费电子和车用电子等电子产品的研发设计、原物料供应、产品制作、物流保障等专业服务。环旭电子总部设在中国上海市浦东新区，秉承着"模块化、多元化、全球化"的战略目标，逐步实现全球化布局。2018 年，环旭电子在波兰成立东欧据点，2019 年投资越南海防建设新厂，2020 年完成对欧洲第二大 EMS（电子制造服务）公司法国飞旭集团的收购。2023 年，环旭电子在全球四大洲拥有 28 个生产据点，其中亚洲10 个、北美洲 3 个、欧洲 14 个、非洲 1 个，充分体现"全球化需求、在地化服务"的企业发展趋势。

作为中国 EMS 产业的领军企业，环旭电子位列 2021 年度全球电子制造服务商第七，年营业收入增长率和营业净利润率均居于行业前列。环旭电子将细分领域差异化发展计划纳入其稳步发展的战略中。智能汽车正在成为引领中国电子行业高速发展的下一个推动力，车用功率模块及功率电子等产品将会成为另一个发展策略重点。环旭电子将利用其在车电业务深耕 30 多年的技术经验，将导入生产自动化，并持续强化电动车相关动力生产及测试技术，在未来快速成长。

7.2.2 环旭电子绿色供应链管理

1. 环旭电子可持续发展理念

环旭电子追求企业可持续经营，以"低碳使命、循环再生、价值共创、社会共融"四大可持续发展策略为主轴，呼应联合国可持续发展目标（SDGs），根据企业核心价值，选择优先响应的可持续发展目标，开展全面的行动。在环境方面，环旭电子积极应对气候变迁，减少温室气体排放；加大绿色创新研发投入，提升能源使用效率；积极促进循环经济发展，实施污染防治措施。在社会方面，环旭电子确保劳动力多元化，保障社会应有人权；积极促进社会福祉，投入社会公益活动；携手供应链的发展，实现全球伙伴关系。在公司治理方面，环旭电子持续健全公司治理制度，严守商业道德规范；积极创造公司经济价值，与利益相关方议合；不断强化公开透明文化，平衡披露可持续信息。环旭电子在坚定贯彻可持续发展理念、积极承担社会责任的同时，也不断实践企业承诺，创造企业价值。

2. 环旭电子绿色供应链管理概况

环旭电子清楚地认识到，绿色产品可持续发展已成为一种必然趋势，只有构建一个长期发展的绿色供应链管理模式，才能应对随之而来的各种挑战。因此，在产品设计、材料采购、产品制造、运输、包装、销售、回收再利用的过程中，环旭电子融合了上游厂家和下游厂家的优势，与其共同打造一条安全稳定的绿色供应链，以实现整体环境效益的最佳。环旭电子绿色供应链管理体系如图 7.2 所示。

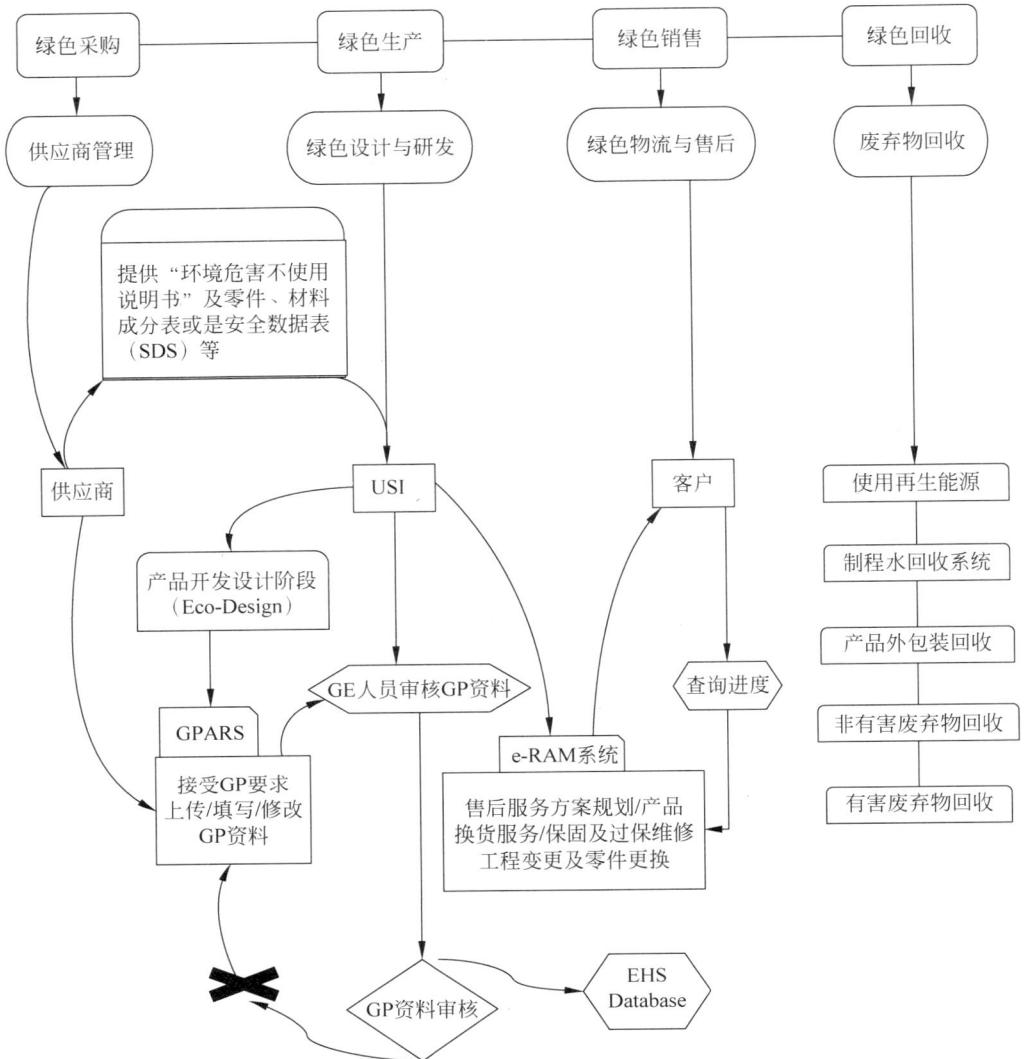

图 7.2　环旭电子绿色供应链管理体系

在绿色供应链管理战略方面，环旭电子台湾厂早在 1998 年就导入了 ISO14001 管理系统，最晚导入该系统的金桥厂也在 2016 年获得了该系统的认证。环旭电子的永续委员会还通过成立价值链管理任务小组来定期评估绿色供应链管理方面的风险和机会，拟订可持续发展目标，同时根据目标制订相应的行动计划，并追踪行动计划的执行进度和效益评估。在绿色供应商管理方面，环旭电子每年坚持制定可持续采购政策，同时推进供应商环境和社会绩效评估与稽核，避免采购冲突矿产。随着全球绿色产品环保法令的增进及多元客户对绿色产品标准的要求，环旭电子为供应商建立了绿色零件承认及报告系统平台，通过该平台，供应商可以了解环旭电子最新的绿色产品标准，开展绿色零部件认证。此外，环旭电子的内部研发、生产和质量保证部门也可以通过该系统来了解 USI 绿色产品的成分、含量和其他管控标准，以及实施必要管控措施。环旭电子通过系统化的管理，推行全球绿色产品供应链，提升数据正确性，强化与供应链伙伴的合作关系，进而完善绿色供应链。在绿色生产方面，自 2011 年起，环旭电子制造厂区张江厂、金桥厂、南投草屯厂、深圳厂就陆续取得清洁生产认证。2019 年，南投南岗厂开始推进 EEWH（ecology 生态、energy saving 节能、waste reduction 减废、health 健康）绿色建筑认证，2020 年顺利取得首个绿色建筑认证。环旭电子还与太阳能建置厂商合作，建置了总容量为 499 kWp 的太阳能发电系统，该系统于 2019 年 10 月正式投入、产电，至 2021 年共产出 1 508 千度再生能源。未来，环旭电子还将持续致力于清洁、生产及绿色建筑推进，建立环旭电子的绿色工厂。在绿色销售和回收方面，环旭电子的所有产品在出货前都会经过全面检测，通过 TL9000、ISO9001 等各项国际验证之后方能出货；在售后服务管理方面，环旭电子在其每个服务地点都采用了 e-RMA（电子退货授权）和 SAP（企业资源计划）系统，以建立一个全球服务网络，改善缺陷产品的分类收集、资源调派及数据汇整的有效管控，使相关单位能系统地向客户提供产品退换以及不良分析服务。同时，客户也能通过 e-RMA3 系统查询进度，实时掌握 RMA（退货授权）现状及相关信息。此外，环旭电子大多采用和回收使用的包装材料，并且和外部厂商建立合作关系，委托外部厂商对包装箱进行回收利用。在绿色信息披露方面，环旭电子自 2013 年开始披露其企业社会责任报告，公开披露环旭电子在 ESG（环境、社会与治理）各重大议题方面的应对策略、执行成果及目标计划。ESG 是环旭电子在企业经营中的重要使命，高标准地履行监管要求，连续 4 年获得上海证券交易所信息披露 A 级评价，持续被列入"上市公司治理指数成分股"，并获评第七届"浦东总部经济十大经典样本"。环旭电子在绿色管理上的卓越表现使其先后荣获多个荣誉，如表 7.1 所示，这些荣誉都是环旭电子绿色供应链管理与 ESG 实践取得成绩的体现。

表 7.1　环旭电子所获荣誉

时　间	所　获　荣　誉
2013 年 7 月	公司持续被纳入上证公司治理指数
2019 年 11 月	公司入选 MSCI（新兴市场指数）
2020 年 3 月	公司被纳入富时中国 A150 和 A200 指数股
2020 年 5 月	公司被纳入沪深 300 指数
2020 年 9 月	摩根士丹利资本国际公司（MSXI 明晟）上调公司 ESG 评级至 BB 等级
2021 年 8 月	公司获得上海市企业联合会颁发的"2021 上海企业 100 强"（第 37 名）、"2021 上海新兴产业企业 100 强"（第 6 名）、"2021 上海百强成长企业 50 强"（第 39 名）、"2021 上海制造业企业 100 强"（第 10 名）
2021 年 8 月	公司获得新浪财经颁发的中国企业"金责奖"——"最佳社会（S）责任奖"和"中国 ESG 优秀企业 500 强"电子行业第一名及全行业第 20 名
2021 年 12 月	公司荣获第七届浦东总部经济十大经典样本
2021 年 12 月	公司获评首届中国上市公司年度最具投资价值公司
2021 年 12 月	金蜜蜂 2021 优秀企业社会责任报告
2021 年 12 月	第五届卓越 IR 评选"最佳信披奖"
2022 年 2 月	公司入选 2022 年 S & P Global 可持续发展年鉴成员，荣获铜奖

资料来源：环旭电子 2021 年年度报告。

7.2.3 环旭电子绿色供应链管理的环节分析

1. 绿色供应链管理战略影响企业价值的路径分析

绿色供应链管理战略着眼于企业的长远利益，将绿色供应链管理作为企业未来发展的方向和目标，加强企业内部环境管理和生态环境管理，增强客户合作、员工参与的意识，使员工更加了解企业对环境保护的重视，建立共识，以实现促进企业经营行为方式变化的目的。

绿色供应链管理战略可以提升自身在公众心中的绿色形象，增强企业的竞争优势，在和供应链中的合作伙伴合作中，企业构建社会资本激励合作伙伴参与绿色行动，通过知识技术分享、信息数据交换来为企业减负。环旭电子每年会举办"可持续供应链在线分享会"来宣达其对供应商 ESG 的要求，增强供应商经济、环境与社会面的可持续性，同时还会和供应商建立策略性合作，以此来整合供应商的资源与能力，协同提升创新能力；另外，环旭电子还会通过客户满意度调查与申诉机制来洞察客户的期待和需求，精准回复客户的意见，为客户提供最佳的服务质量。

2021 年，环旭电子导入全面影响力衡量与管理（TIMM）来对其可持续影响力进行评估。根据评估结果，如图 7.3 所示，环旭电子在 2021 年为利益相关方创造人民币 25 786 百万元的可持续价值，其中供应商伙伴关系创造的价值为 16 125.9 百万元，占当年可持续价值的 62.54%，由此可见，环旭电子的绿色供应链管理战略能够为企业创造良好的可持续价值。

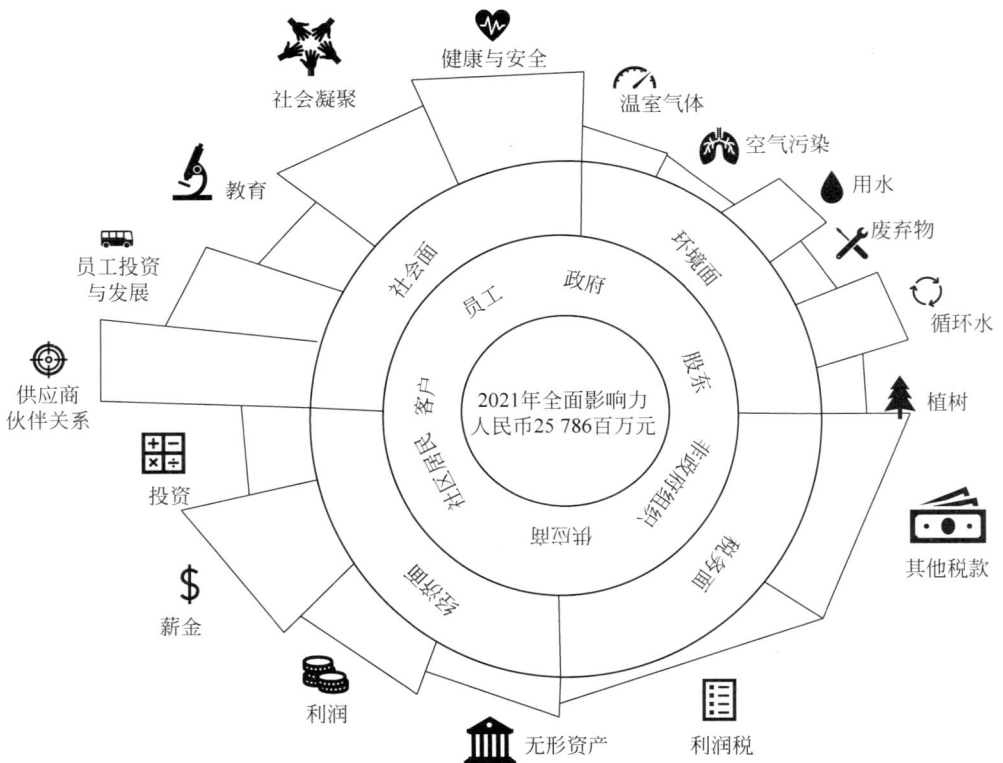

图 7.3 2021 年环旭电子绿色供应链管理的全面影响力

此外，作为企业内部绿色战略之一，绿色供应链管理战略能够刺激企业进行绿色创新。进而企业可以通过绿色工艺创新来实现节能减排、降低成本。环旭电子设置 CIP（continuous improvement program，持续改善计划）卓越贡献奖，由各厂区提出具有指标性或创新性的提案，参与全球竞赛，获奖团队被授予奖项并颁发奖金。环旭电子为应对气候变化议题，于 2017 年将节能减碳列入评分机制，并列入重点项目类别，以提倡相关绿色提案。2021 年，其有两项节能减排项目获奖：一项是由张江厂提出的热回收系统项目，将该回收系统投入使用后能每年节省电量 135 306 度，减碳量 606 吨，预计每年可节省人民币 1 307 703 元；另一项是南投厂提出的空调箱给水泵的运行改善项目，将该项目投入使用后能够每年节省电量 423 948 度，减碳量为 213 吨，预计每年可节省人民币195 161 元。因此，从长远角度来看，实施绿色供应链管理战略能够帮助企业节省一定的制造费用。

综上所述，环旭电子绿色供应链管理战略对企业价值的影响路径如图 7.4 所示。

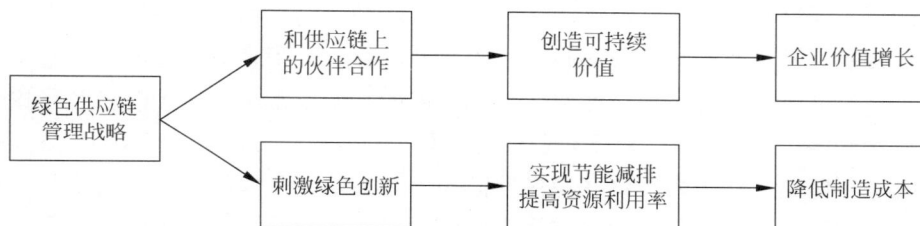

图 7.4　环旭电子绿色供应链管理战略对企业价值的影响路径

2. 绿色供应商管理影响企业价值的路径分析

企业践行良好的绿色供应商管理能够帮助企业挑选出优质的供应商并建立合作关系，优质供应商的增加使企业在购进原料或产品时降低生产经营风险，可以带来更高的营业收入和税后净营业利润，达到企业增值的目的。环旭电子在选择合作伙伴时，会按照未来产品趋势需求以及采购政策制定供应商评鉴程序，调查潜在供应商的产能、技术创新能力、质量和服务管理等系统是否符合要求。对于新选择的供应商，环旭电子会要求其签署环境危害物质不使用保证书、冲突矿产承诺书等，以确保将供应商对于环境可持续、社会劳动、社会人权的影响列入评估与管控。对于现有的合格供应商，环旭电子会定期对供应商绩效进行考核，以延长进料交期、降低进料成本、提高进料质量、加强与供应商之间的沟通，并持续寻找长期合作的供应商伙伴。

表 7.2 为 USI 供应商管理内容。

表 7.2　USI 供应商管理内容

措　　施	具 体 内 容
供应商评鉴及定期考核	建立标准化的供应商评鉴制度及绩效考核（vendor rating）办法，依照供应商规范定期对供应商绩效进行考核，公司由供应商质量与采购单位组成考核小组，以季度评比方式在质量、交期与配合度及价格三大构面，由权责单位进行评比
供应商可持续性评估	环旭电子对供应商进行评估及稽核，由人资及环安卫部门组成稽核小组，稽核规范包含劳工、健康与安全、环境、道德规范及管理体系五大面向，评估要点包括保障劳工人权、职场安全、环境管理及反贪腐等，要求供应链厂商确保员工权益、落实人权政策、提升企业社会绩效

措　施	具　体　内　容
供应商沟通	成立供应商评鉴审核小组，成员包含质量、工程及采购单位，处理与供应商沟通的相关事宜，并邀请供应商参加公司每季度召开的 EBR（executive business review）会议，主动向供应商倡导公司社会责任观点及环安卫管理政策，如绿色供应链、产品有害物质限用规定、环保相关法令规范及客户产品质量要求等，以及未来市场趋势与经验分享，与供应商保持紧密的互动
制定供应商行为准则	环旭电子制定供应商行为准则，要求供应商共同遵循，除须完全遵守经营所在国家/地区的法律和法规外，还对劳工、健康与安全、环境、道德规范及管理体系等各方面的商业行为提出规范，同时，供应商也需将此要求传达给其下一阶供应商，并监管下一阶供应商遵行情况

资料来源：环旭电子 2021 年可持续发展报告书。

环旭电子通过严格的绿色供应商管理，不仅挑选了更多优质供应商与其合作，还提高了客户的品牌忠诚度。忠诚的顾客由于环旭电子注重环境保护和社会责任，对企业留下了好印象，让环旭电子在社会上得到了更加广泛的认同，奠定了环旭电子产品偏好效应的坚实基础。其产品市场占有率也相应提高，由此提高了企业营业收入。通过定期对供应商进行绩效考核，环旭电子始终保持供应商的高质量水平，持续改善及寻找长期合作的供应商伙伴，长期来看，对于企业价值具有正面效应。

同时，环旭电子还大力支持在地供应商与当地采购，在促进当地经济增长、提高在地就业率的同时，有效节省了运输过程中时间和能源的消耗，降低了企业的物流成本以及时间成本，同时还能避免因国际运输的不确定性造成的缺料危机，间接提高了企业的利润。由表 7.3 可以看出，2017 年以来，环旭电子全球范围内的在地采购比例大幅增长，体现环旭电子对于在地供应商政策的深入贯彻，其归母净利润也在 2019—2020 年出现了大幅增长，由 12.6 亿元增长至 17.4 亿元，涨幅达 38%。

表 7.3　2017—2021 年 USI 当地采购比例

年份	中国大陆当地采购比例 /%	中国台湾当地采购比例 /%	墨西哥当地采购比例 /%	全球平均当地采购比例 /%	归母净利润 /亿元
2017	16	38	71	21	13.1
2018	16	43	69	22	11.8
2019	14	42	61	16	12.6
2020	38	30	19	36	17.4
2021	43	29	12	39	18.6

资料来源：环旭电子 2021 年可持续发展报告书。

综上所述，环旭电子绿色供应商管理对企业价值的影响路径如图 7.5 所示。

3. 绿色生产影响企业价值的路径分析

绿色生产是绿色供应链管理中的重要一环。环旭电子每年都投入大量的研发费用，着眼于产品的全生命周期，持续开发绿色设计，建立有害物质控制管理制度，生产绿色产品，降低物质和能源的消耗。持续进行绿色技术创新，在短期内可能会占用公司的部分资金，但长期来看，环保技术、材料、产品能够使企业降低生产成本、提高生产效率，从而减少资源浪费与能源消耗。另外，从国家层面来说，许多地方政府通过政府补贴、

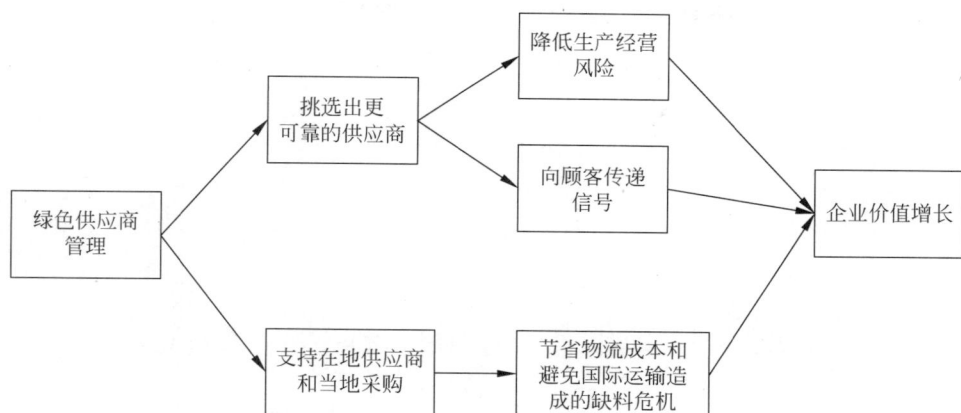

图 7.5 环旭电子绿色供应商管理对企业价值的影响路径

贴息补助等方式鼓励当地企业进行绿色技术创新，从而改善当地环境，助力国家早日实现"双碳"目标。环旭电子作为电子制造企业，在废水、废弃物回收和热能回收等方面进行技术创新，积极进行技术改造，这也使环旭电子获得许多政府补助。

1）政府补贴

为了提高企业进行绿色改造的积极性，环旭电子几大厂区（张江厂、金桥厂、昆山厂、深圳厂）所在地政府（上海市、江苏省、深圳市）均出台了多项激励政策对积极进行绿色改造的企业发放大量的政府补助，包括但不限于专项补助、科技补助、贴息补助等。

环旭电子作为电子制造业的龙头企业，深入贯彻绿色生产理念，发展绿色技术，获得多项当地政府补助，如表 7.4 所示。

表 7.4 USI 获政府补助项目

奖 项 名 称	金额 / 元
2021 年昆山市工业企业技术改造综合补助	1 350 000.00
上海金桥锅炉提标改造区级奖励	780 000.00
2020 年度昆山市工业企业技改综合奖补项目资金	1 683 400.00
上海市节能技改项目资金	723 600.00
深圳市产业化技术升级资助	8 327 159.00

资料来源：环旭电子历年年度报告。

由表 7.4 可知，环旭电子获得超过 1 000 万元的政府补助，这大大增强了公司的现金流动性，降低了投资风险，同时也提升了企业进行绿色技术创新的热情，激励其朝着绿色方向继续努力。

2）研发效能

环旭电子为激励公司员工致力于研发创作，制定《专利管理及奖励办法》，定期举办研发竞赛。2017—2021 年环旭电子的专利取得成果如图 7.6 所示。

在每年的核准专利中，一些绿色设计方面的专利设计能够为环旭电子的设计、制造、生产、回收作业带来节能减排效益，最终降低公司成本。USI 节能减排设计项目及效益如表 7.5 所示。

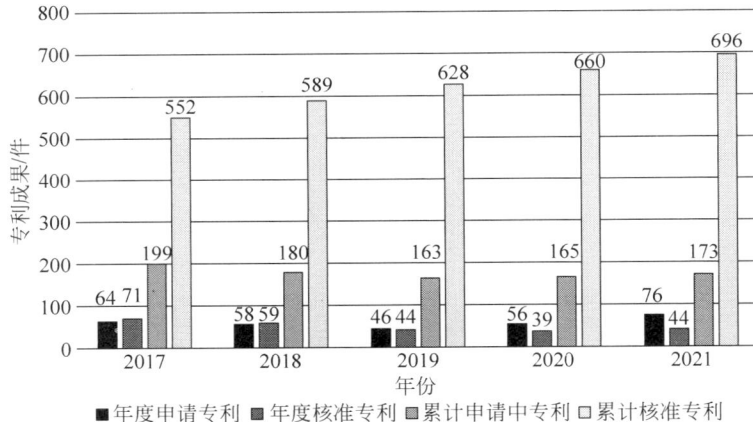

图 7.6 2017—2021 年环旭电子的专利取得成果

资料来源：环旭电子历年可持续发展报告书。

表 7.5 USI 节能减排设计项目及效益

厂 区	项 目	效 益
金桥厂	热回收系统	改善热回收系统，把热能回收利用到厂区的空调系统中，降低锅炉和冰机的负荷，减少水电燃气消耗，年节省电量 135 306 度，减碳量为 606 吨，预计每年可节省人民币 130 703 元
张江厂	工厂节水项目	新增 Jig Saw 用水处理回用系统，以取代旧有的水过滤排放系统，2018 年 3 月改造完成后，4—12 月用水量比 2017 年同期节水率达 46%，节水效果显著
南投厂	空调箱给水泵的运行改善	运用压力传感器匹配二通阀修改，搭配三通阀及变频器变流节能空调箱给水泵的技术，使进水压力流量稳定供给，维持最佳运转模式，达到节能减碳成效，年节省电量 423 948 度，减碳量为 213 吨，预计每年可省人民币 195 161 元
昆山厂	空压余热改造回收工程	利用回收空压机余热替代空调加热，节省电加热及锅炉费用，余热回收率可达 57.6%，预计每年可节约 96 300 美元，每年减少碳排放 1 072 吨

资料来源：环旭电子历年可持续发展报告书。

除此之外，环旭电子还会针对制造相关作业与流程的一些问题，鼓励各个厂区提出改善项目，以更好地实现绿色生产。2021 年度各个改善项目实际节省有形成本人民币 7 875.6 万元，主要来自张江厂创新的自动化设计，节约成本占营业额的 0.22%。USI 绿色设计提案如表 7.6 所示。

表 7.6 USI 绿色设计提案

厂 区	绿色设计提案	提案效益说明
张江厂	笔具测试装置	设备执行全自动扫码、荷重及应答测试动作。节省人力与降低工时，提升产能效率
	芯片测试夹具的自动扣合装置	设备将旋转头下降到夹具扣合处，利用旋转头上的轴承进行夹具的扣合动作。减少操机作业人数，降低人力成本
	台车定位设备及定位方法	设计台车料架，应用六轴机器人取代人工抓取料盘放置料架上，AGV（自动导引车）取代人工搬运料架，供给生产线，减少操机作业人数，降低人力成本，形成自动化无人工厂
昆山厂	料盘输送装置及点料系统	料盘自动上下料机构设计，节省人力作业工时，缩短人员接触 X 射线时间，减少辐射伤害

资料来源：环旭电子 2021 年可持续发展报告书。

环旭电子在产品设计、制造、回收时始终遵循绿色生产的原则，表 7.7 为环旭电子绿色生态设计的四大主轴。

表 7.7 环旭电子绿色生态设计的四大主轴

主　　轴	要　　求	生态化设计措施
电子产品有害物质	低污染、无毒性	逐步减少溴系耐燃剂的使用，减少聚氯乙烯塑件的使用，选用无卤材质
电子产品回收管理	可回收、易拆解、易处理	减少拆解所使用的工具种类，模块设计提升回收率，产品回收标示的使用
产品生态化能源设计	省能源、省资源、少冲击	降低待机模式和关机模式（standby & off mode）的能耗，提升 EPS（应急电源系统）的能源转换效率，省电模式
产品微小化设计	减小体积、容易整合	提升系统功能，降低线路复杂性，减少材料使用，提高零件标准化

资料来源：环旭电子 2021 年可持续性发展报告书。

通过表 7.7 可以看出，在绿色生态设计研发方面，环旭电子不使用或减少使用有毒有害物质，保证了产品安全性；通过采用模块化设计，能够提升产品回收率、减少材料使用、降低能耗、减少废弃物的产生，总体上降低了公司的营运成本、提高了企业价值。

环旭电子对其产品生态化设计的节能效益进行量化，2020 年公司年度出货产品总计减少耗电量为 4 144 千度，相当于减少 2 029 吨二氧化碳，约占公司总营收的 8.9%；2021 年公司年度出货产品总计减少耗电量为 95 754 千度，相当于减少 46 888 吨二氧化碳，占公司总营收的 37.73%。

综上所述，环旭电子通过激励员工进行绿色技术创新、鼓励厂区提出生产改善方案、遵循绿色生态设计主轴等方式实现绿色生产，减少了能源消耗，节约了劳动力和材料成本，提高了生产效率，降低了企业整体的营运成本，最终实现了企业价值的增加。环旭电子绿色生产对企业价值的影响路径如图 7.7 所示。

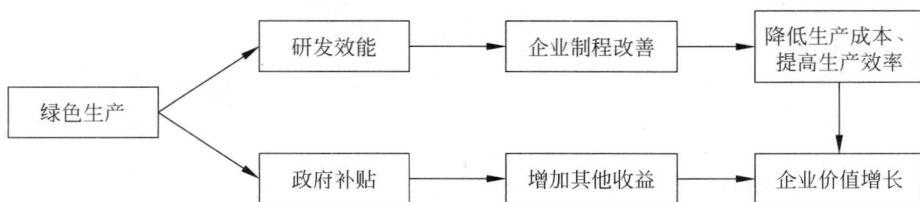

图 7.7 环旭电子绿色生产对企业价值的影响路径

4. 绿色销售与回收影响企业价值的路径分析

所谓绿色销售，就是要充分考虑绿色市场需求及有关环境、社会等因素，制定并优化企业营销组合。其内容涉及绿色信息的采集、发展绿色产品、打造绿色营销渠道、开展绿色活动、推行绿色定价等。此外，绿色销售还需要通过广告宣传培养消费者的绿色消费观念和绿色消费行为。

一方面，绿色销售会产生绿色营销成本；另一方面，绿色销售可以帮助企业宣传其绿色经营理念，能够体现出绿色环保的企业文化，在一定程度上会更加获得客户的青睐，以此来增加企业的营业利润，企业价值也因此上涨。绿色回收也是公司的一种社会责任行为，公司应负责免费召回和纠正可能构成安全风险或造成环境破坏的产品。

环旭电子坚持建立绿色销售和绿色回收体系，在包装、装卸等物流过程中最大限度地降低物流对环境的负面影响，提高物流效率。环旭电子尽可能地选择环保材料来进行产品包装运输。对于厂内各项产品或原物料储存运输、邻近客户的运输，环旭电子采用塑料栈板或防静电塑料包装箱，并且还会回收再利用；对于其他客户没有指定的包装材料，环旭电子均采用再生木栈板或纸箱来进行包装，同时还会委托外部厂商进行回收利用。环旭电子和当地供应商合作设置了栈板回收再利用方案，南投厂一年回收再利用出货栈板、塑料栈板和木头栈板共 59 903 个，节省栈板成本约人民币 331 万元；此外，环旭电子还与主要加工厂商合作来回收包装材料，以减小对环境的损害。2021 年，南投厂总计回收 Tray 盘、隔板与回收箱 142 万个，共减少 562.66 吨的废弃物，并节省人民币约914 万元。

在废弃物回收方面，环旭电子将废弃物减量与再利用列为公司政策，秉持"污染预防、持续改善及节能减废、有效使用"的原则，各厂区贯彻执行环境污染防治管理措施，并将其列为年度绩效指标。环旭电子制订废弃物清理计划，将有害废弃物交由相关合格处理企业处理，非有害废弃物由合格的回收企业回收利用或运到合格的焚烧厂处理。统计数据显示，2021 年环旭电子废弃物总产生量为 9 733.33 吨，回收量为 8 318.25 吨，回收率达 85.5%，较前一年度稍有提升，并达到年度设定目标（80%）。2017—2021 年环旭电子废弃物回收总量如图 7.8 所示。

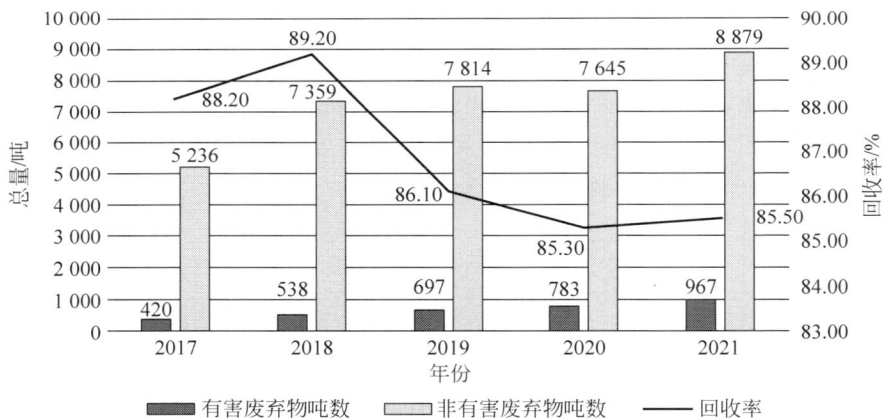

图 7.8   2017—2021 年环旭电子废弃物回收总量

总体而言，环旭电子将持续践行减废政策，致力源头减量，以实现资源可持续利用的目标。2021 年，环旭电子针对产品包材外箱、隔板、Tray 盘清洁回收再利用，使回收再使用总重量达 1 284.79 吨。环旭电子将持续在创造良好环境绩效的同时节省企业成本。环旭电子绿色销售与回收对企业价值的影响路径如图 7.9 所示。

5. 绿色信息平台建设及信息披露影响企业价值的路径分析

依据信号传递理论，一方面，企业环境信息披露能够缓解投资者与企业间信息不对称问题，提升企业形象与声誉，提高投资者对其信任度与认同感，继而引来投资，最终达到增加企业价值的目的。同时，环境信息还能通过影响企业的投资决策来影响其绩效。

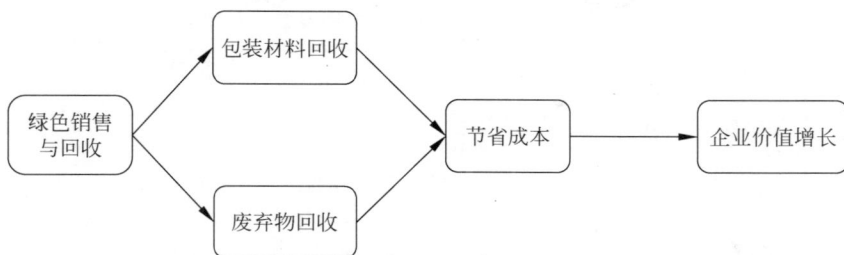

图 7.9　环旭电子绿色销售与回收对企业价值的影响路径

投资者若不能在市场中获取到宝贵的资讯，则它的投资成本也随之增加，投资者预期报酬率亦将上升，由此提高了企业资本成本、减少了企业价值。另一方面，企业环境信息披露有助于投资者预测公司的未来发展并作出适当的决策。许多具有良好经营业绩的公司利用高质量的信息披露来创造投资者的乐观情绪，降低公司的外部融资成本。因此，环境信息可以在一定程度上缓解投资者的非理性行为，提高企业的价值。在环境信息公开所产生的经济利益大于支出成本的情况下，信息公开将增加企业的价值。

环旭电子在其可持续发展报告中，将企业绿色信息分为绿色财务信息和绿色非财务信息。绿色财务信息是对公司的各项环境议题进行货币化管理，以货币形式呈现出企业在环境方面作出的具体贡献，从而帮助投资者更全面地了解企业责任以及绿色水平。比如，环旭电子回收水的使用于 2020 年和 2021 年分别带来人民币 3 098 258 元及 3 985 332 元的正向效益；植树所达到的碳储存效益也分别在两个年度带来人民币 2 766 元及 5 814 元的正向价值。2021 年两项正向效益总和较前一年度上升约 29%，绿色财务信息使环旭电子在绿色生产方面做出的努力变得十分具体，使投资者更清晰地了解了企业的绿色水平。另外，环旭电子在可持续发展报告中所披露的绿色非财务信息，体现了环旭电子在绿色供应链管理方面采取的各项具体措施，比如制定了可持续采购政策，对供应商进行绿色合作和培训等，也向外界传递了信息。

环旭电子的绿色信息披露展示了其良好的 ESG 表现，其传递的积极信号主要表现在三个方面：一是表明环旭电子社会认知度高，深受投资者的信任。随着国内 ESG 投资理念的兴起，具有绿色意识和社会责任的公司对投资者更具吸引力，更加符合负责任投资者的投资偏好。二是传达了企业更具可持续性和未来现金流充裕的信息，投资者可以获得预期回报。三是说明企业治理机制完善，具有长远的发展前景，更好地保护了投资者的利益。此外，环境信息披露对金融资源配置有较大的影响，尤其是在银行信贷供给方面。企业履行社会责任有助于加强政治联系，在融资方面获得政府支持。特别是近年来，随着环境友好型绩效考核和绿色货币政策的推进，环境友好型企业获得银行优惠贷款变得更加容易。

本书将环旭转债与环旭电子同期发行的、同行业的六年期可转换债券票面利率进行比对（表 7.8），发现环旭转债同闻泰转债、立讯转债的票面利率并列最低，这就意味着环旭电子的资本成本相对同行业的其他上市公司如白云电器、思创医惠等来讲，融资成本要更低一些。这也就印证了绿色信息的披露缓解了企业的融资约束，在融资方面付出更低的融资成本。

表 7.8　电子服务制造业可转换债券票面利率对比

证券代码	证券名称	起息日期	票面利率
110081.SH	闻泰转债	2021 年 7 月 28 日	第一年 0.10%、第二年 0.20%、第三年 0.30%、第四年 1.50%、第五年 1.80%、第六年 2.00%
113045.SH	环旭转债	2021 年 3 月 4 日	第一年 0.10%、第二年 0.20%、第三年 0.60%、第四年 1.30%、第五年 1.80%、第六年 2.00%
113594.SH	淳中转债	2020 年 7 月 21 日	第一年 0.50%、第二年 0.70%、第三年 1.20%、第四年 1.80%、第五年 2.20%、第六年 2.80%
123058.SZ	欣旺转债	2020 年 7 月 14 日	第一年 0.40%、第二年 0.60%、第三年 1.00%、第四年 1.50%、第五年 1.80%、第六年 2.00%
123096.SZ	思创转债	2021 年 1 月 26 日	第一年 0.40%、第二年 0.60%、第三年 1.00%、第四年 1.50%、第五年 2.50%、第六年 3.00%
123100.SZ	朗科转债	2021 年 2 月 9 日	第一年 0.40%、第二年 0.60%、第三年 1.00%、第四年 1.50%、第五年 2.00%、第六年 3.00%
128112.SZ	歌尔转 2	2020 年 6 月 21 日	第一年 0.20%、第二年 0.40%、第三年 0.60%、第四年 1.50%、第五年 1.80%、第六年 2.00%
128136.SZ	立讯转债	2020 年 11 月 3 日	第一年 0.10%、第二年 0.20%、第三年 0.30%、第四年 1.50%、第五年 1.80%、第六年 2.00%

资料来源：Choice 数据库。

总体而言，作为一家行业领先的企业，环旭电子的绿色信息披露能够减小投资者所面对的信息风险与财务风险，从而增强企业资金可获得性，有助于降低资金成本，切实减小因与利益相关者磨合而产生的法律风险。通过信息披露，企业可以健全治理成效、有效提升企业形象，并取得利益相关者的公信力，以达成环境、社会和治理"三赢"的可持续发展局面。环旭电子绿色信息披露对企业价值的影响路径如图 7.10 所示。

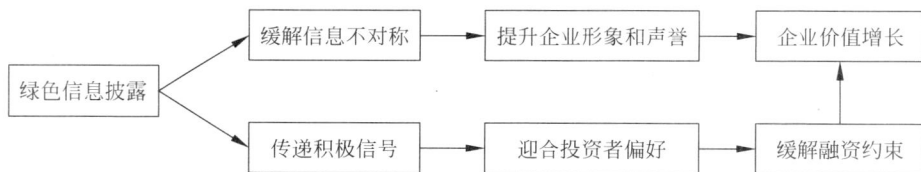

图 7.10　环旭电子绿色信息披露对企业价值的影响路径

本章小结

绿色供应链与传统供应链一样，由所有加盟的节点企业组成，一般有一家核心企业，在需求驱动下，通过节点企业的分工与合作，以物流、信息流和资金流为媒介实现整个绿色供应链增值，但研究的领域、获得的效益、传递的信息、管理的过程以及追求的目标都不同。

绿色供应链管理的主导内容包括绿色战略、绿色设计、绿色材料选择、绿色制造、绿色分销与绿色回收。绿色供应链管理的关键技术包括供应链管理技术、绿色技术、信息技术、集成技术与重组技术。

复习与思考

1. 如何理解绿色供应链管理？
2. 简述绿色供应链发展的意义。
3. 简述绿色供应链管理的主要内容。

即测即练

参考文献 REFERENCES

[1] 乔普拉，迈因德尔 . 供应链管理：战略、计划和运作 [M]. 刘曙光，吴秀云，等译 . 5 版 . 北京：清华大学出版社，2014.

[2] 王叶峰 . 供应链管理 [M]. 北京：机械工业出版社，2016.

[3] 陈兵兵 . SCM 供应链管理——策略、技术与实务 [M]. 北京：电子工业出版社，2004.

[4] 乔普拉，迈因德尔 . 供应链管理 [M]. 陈荣秋，等译 . 6 版 . 北京：中国人民大学出版社，2017.

[5] 刘宝红，赵玲 . 供应链的三道防线：需求预测、库存计划、供应链执行 [M]. 北京：机械工业出版社，2018.

[6] 陈冬，顾培亮 . 供应链管理若干问题研究与进展评述 [J]. 系统工程理论与实践，2003，23（10）：1-11.

[7] 谢家平，梁玲 . 供应链管理 [M]. 上海：上海财经大学出版社，2015.

[8] 雅各布斯，蔡斯 . 运营管理 [M]. 任建标，译 . 14 版 . 北京：机械工业出版社，2015.

[9] 刘宝红 . 采购与供应链管理：一个实践者的角度 [M]. 北京：机械工业出版社，2019.

[10] 沙克 . 供应链管理：新零售时代采购和物流的优化方案 [M]. 杨建玫，勒琼，赵会婷，译 . 杭州：浙江大学出版社，2019.

[11] 纳尔逊，穆迪，斯特格纳 . 供应链管理最佳实践 [M]. 刘祥亚，等译 . 北京：机械工业出版社，2003.

[12] 陈荣秋，马士华 . 生产运作管理 [M]. 5 版 . 北京：机械工业出版社，2017.

[13] 邓世祯 . 高效库存管理技法 [M]. 广州：广东经济出版社，2002.

[14] 鲍尔索克斯 . 供应链物流管理 [M]. 李习文，等译 . 北京：机械工业出版社，2004.

[15] 科特勒 . 市场营销管理 [M]. 梅清豪，译 . 亚洲版 • 2 版 . 北京：中国人民大学出版社，2001.

[16] 侯书森，孔淑红 . 企业供应链管理 [M]. 北京：中国广播电视出版社，2002.

[17] 施先亮，王耀球 . 供应链管理 [M]. 3 版 . 北京：机械工业出版社，2016.

[18] 宋华 . 智慧供应链金融 [M]. 北京：中国人民大学出版社，2019.

[19] 林勋亮 . 物流与供应链管理 [M]. 北京：电子工业出版社，2009.

[20] 莱桑斯，吉林厄姆 . 采购与供应链管理 [M]. 鞠磊，等译 . 北京：社会科学文献出版社，2003.

[21] 曹雄彬 . 供应链管理 [M]. 北京：机械工业出版社，2005.

[22] 徐杰，鞠颂东 . 采购管理 [M]. 北京：机械工业出版社，2009.

[23] 李飞 . 分销渠道：设计与管理 [M]. 北京：清华大学出版社，2003.

[24] 马士华，林勇 . 供应链管理 [M]. 6 版 . 北京：机械工业出版社，2020.

[25] 李苏剑，游站清，郑利强 . 物流管理信息系统理论与案例 [M]. 北京：电子工业出版社，2005.

[26] 利恩德斯，费伦 . 采购与供应管理 [M]. 张杰，张群，译 . 北京：机械工业出版社，2001.

[27] 刘景江，唐豪 . 论企业核心业务的外包——以网络时代的软件产业为例 [J]. 经济问题，2003（1）：31-33.

[28] 梁志才 . 供应链管理环境下的联合库存管理 [J]. 科技情报开发与经济，2005，15（9）：120-121.

[29] 刘伯莹，周玉清，刘伯均 . MRP Ⅱ/ERP 原理 [M]. 2 版 . 天津：天津大学出版社，2001.

[30] 刘从九 . 供应链环境下库存管理的问题与策略 [J]. 中国棉花加工，2003（4）：29-30，35.

[31] BALLOU R H. 企业物流管理——供应链的规划、组织和控制 [M]. 王晓东，等译 . 北京：机械工业出版社，2002.

[32] 邵晓峰，张存禄，李美燕 . 供应链管理 [M]. 北京：机械工业出版社，2006.

[33] 鲍尔索克斯 . 供应链物流管理 [M]. 马士华，黄爽，赵婷婷，译 . 北京：机械工业出版社，2010.

[34] 李葵，陈铭，钱炳，等 . 供应链与物流管理 [M]. 北京：电子工业出版社，2010.

[35] 宋方，蒋长兵，黄顺全，等 . 现代物流案例教学与实例 [M]. 北京：中国物资出版社，2007.

[36] 倪志伟 . 现代物流技术 [M]. 北京：中国物资出版社，2006.

[37] 刘伟 . 供应链管理教程 [M]. 上海：上海人民出版社，2008.

[38] 徐琪 . 供应链管理：理论与实验 [M]. 上海：上海人民出版社，2008.

[39] 徐冰 . 中国供应链现状：理论与实践 [M]. 北京：北京大学出版社，2005.

[40] 威尔 . 采购与供应链管理——分析、规划及其实践 [M]. 北京：清华大学出版社，2002.

[41] 翟光明 . 采购与供应商管理 [M]. 北京：中国物资出版社，2009.

[42] 王夏阳 . 供应链库存管理：基于提前期不确定性的研究 [M]. 北京：经济管理出版社，2010.

[43] 霍普 . 供应链管理：获取竞争优势的科学方法 [M]. 徐捷，吴琼，译 . 北京：机械工业出版社，2009.

[44] 卡曾斯，拉明，劳森，等 . 战略供应管理：原则、理论与实践 [M]. 李玉民，刘会新，译 . 北京：电子工业出版社，2009.

[45] SUNIL C, PETER M. Supply chain management [M]. 2nd ed. Upper Saddle River, NJ: Pearson, 2004.

[46] HARTMURT S, CHRISTOPH K. Supply chain management and advanced planning [M]. Berlin: Springer, 2004.

教师服务

感谢您选用清华大学出版社的教材！为了更好地服务教学，我们为授课教师提供本书的教学辅助资源，以及本学科重点教材信息。请您扫码获取。

⟫ 教辅获取

本书教辅资源，授课教师扫码获取

⟫ 样书赠送

物流与供应链管理类重点教材，教师扫码获取样书

清华大学出版社

E-mail: tupfuwu@163.com

电话：010-83470332 / 83470142

地址：北京市海淀区双清路学研大厦 B 座 509

网址：http://www.tup.com.cn/

传真：8610-83470107

邮编：100084